좌파의 생각은
어떻게 상식이 되었나

로베르트 미지크 지음 ― 오공훈 옮김

좌파의 생각은 어떻게 상식이 되었나
Common Sense

그러나

WAS LINKE DENKEN

Ideen von Marx über Gramsci zu Adorno, Habermas, Foucault & Co by Robert Misik
Copyright ⓒ 2015 Picus Verlag Ges.m.b.H., Vienna
Korean Translation Copyright ⓒ 2016 by SOLBITKIL
All rights reserved.
The Korean language edition published by aggrement with Picus Verlag Ges.m.b.H. through MOMO Agency, Seoul.

이 책의 한국어판 저작권은 모모 에이전시를 통해 Picus Verlag Ges.m.b.H. 사와의 독점 계약으로 "솔빛길"에 있습니다. 저작권법에 의해 한국 내에서 보호를 받는 저작물이므로 무단 전재와 무단 복제를 금합니다.

좌파의 생각은 어떻게 상식이 되었나

초판 1쇄 발행 2016년 9월 20일
지은이 로베르트 미지크
옮긴이 오공훈
발행인 도영
표지 디자인 신병근
마케팅 김영란
발행처 그러나 (등록 2016-000257호)
주소 서울시 마포구 동교로 142, 5층(서교동)
전화 02) 909-5517
팩스 0505) 300-9348
이메일 anemone70@hanmail.net
ISBN 978-89-98120-32-0 03160

* 이 책은 저작권법에 따라 보호받는 저작물이므로 무단전재와 무단복제를 금지하며, 이 책 내용의 전부 또는 일부를 이용하려면 반드시 저작권자와 '그러나'의 서면 동의를 받아야 합니다.
* 이 도서의 국립중앙도서관 출판예정도서목록(CIP)은 서지정보유통지원시스템 홈페이지(http://seoji.nl.go.kr)와 국가자료공동목록시스템(http://www.nl.go.kr/kolisnet)에서 이용하실 수 있습니다.(CIP제어번호 : CIP2016021605)
* '그러나'는 솔빛길의 문학·인문 전문 브랜드입니다.

차례

프롤로그 **철학에 대한 지식 없이 철학하기** 7

1장 **혁명에 대해 말해보자** 21
오늘날 우리는 왜, 어떤 식으로든 마르크스주의자일까?
그런데 왜 한편으로는 마르크스주의자가 아닐까?

2장 **혁명까지 할 필요는 없다** 35
종종걸음으로 이상향에 다가가는 것만으로도 충분하다.
그런데 오늘날 누가 과연 이상을 품고 있는가?

3장 **그람시 씨가 기꺼이 헤게모니를 장악했다면……** 45
지배자는 어떻게 지배하며,
억압받는 자의 뇌와 심장은 어떻게 투쟁에 이를까?

4장 **누가 비판적 비판을 하는가?** 59
아도르노 씨는 항상 기분이 나빴다.
계몽과 진보를 물리친 갑론을박.

5장 **나 자신으로부터의 반란, 그리고 성 혁명에 이르기까지** 79
마르쿠제 씨는 소외되지 않은 인간을 원하지만,
"도대체 인간이 존재하는가?"라는 질문을 받는다.
마찬가지로 버틀러 씨가 과연 여성이 존재하는지
의심하는 것은 결코 놀라운 일이 아니다.

6장 **인간은 식민화된 물건이 됐다** 107
억압은 억압받는 사람들을 만들어낸다.
"완전히 허참은 존재가 된 사람들은 절대로 말을 하지 못한다"라는 사실을 스피박 씨는 발견한다.
만약 말할 수 있게 된다면, 그들은 더 이상 허참은 존재가 아닐 것이다.

7장 **말은 곧 투쟁이다** 121
푸코 씨는 권력을 탐구하다가 담론을 발견했다.
또는 그 반대이거나!

8장 **서로 네트워크를 이루어라** 135
포스트모더니즘은 어떻게 구조화를 해체하고
이론을 재조립했는가?

에필로그 **의문을 품으며 우리는 전진한다!** 155

참고문헌 167

프롤로그

철학에 대한 지식 없이 철학하기

오늘날 '정치는 광범위하게 탈이데올로기화했다'라는 생각이 공공연하게 퍼져 있다. 중도 쪽으로 떠밀려 간 정당은 더 이상 아무런 사상도 없고, 거대한 목표도 추구하지 않는 듯하다. 정당이 선거 유세 때 내세우는 구호는 세련됐지만 가벼워보인다. 물론 아무 생각 없는 슬로건이나 즉각적인 효과만 노린 짧고 인상적인 코멘트는 갈수록 줄어들고 있지만, 탈이데올로기화했다는 생각은 여전하다.

탈이데올로기화의 핵심은 예전에는 좌파가 어렵고 복잡한 이론을 다룬 논문에 엄청난 흥미를 가졌으며 벽돌 두께만한 책을 읽는 데 그치지 않고 연구에 본격적으로 뛰어들었지만, 이런 위대한 이론 논쟁의 시대는 지나가버렸다는 것이다. 오늘날에는 자기만의 세계상世界像이나 정치노선을 구축하려고 복잡한 텍스트를 통독하는 좌파가 거의 없다. 대신 세상의 모든 불의에 맞서 모든 정의를 실현하려는 듯하다. 인종차별주의에 맞서 싸우는가? 당연하다! 제국주의가 나쁘다고 여기는가? 물론이다! 그러나 이를 증명하려고 책을 엄청나게 읽을 필요는 전혀 없다고! 이렇게 '느낌의 좌파'는 자신이 무엇에 반대하는지만 잘 알고, 무엇을 찬성하는지는 좀처럼 표현하지 못하는 경향이 있다. 이렇게 된 까닭은 탈이데올로기화 때문이라는 판단이 지배적이다. 지난날 좌파는 이데올로기에 대한 확신으로 가득했지만, 오늘날 좌파에게 이 모든 확신은 산산조각 났다.

그런데 "생각하기 자체를 싫어한다"라는 비판을 받는 대상은 매사를 정치적으로 이해하려는 완고한 좌파만이 아니다. 예전처럼 넓은 의미에서 '거친 사상'에 몰두하던 환경 자체가 오늘날에는 더 이상 존재하지 않는다. 문화이론에 관심을 둔 인물들, 즉 마르크스Marx를 위시해 아도르노Adorno, 호르크하이머Horkheimer, 하버마스Habermas는 이러한 환경에 깊숙이 얽혀 있었다. 또한 푸코Foucault를 거쳐 리오타르Lyotard, 들뢰즈Deleuze, 가타리Guattari가 포스트구조주의나 포스트모더니즘에 관심을 기울였던 환경은 역사 속에서나 등장하는 이야기가 되었다. 이렇게 텍스트와 이론에 광적으로 집착하는 것, 대담하면서도 때로는 조금은 기이한 사상에 강박관념을 품는 것은 지난 일일 뿐이다. 이를 증명하는 책이 두 권 있다. 《이론 이후(After Theory)》는 영국 출신의 마르크스주의 문화이론가인 테리 이글턴Terry Eagleton이 자신의 직업이 처한 상태에 대해 쓴 강령적인 책이다. 그리고 독일 출신 학자 필리프 펠쉬Philipp Felsch는 《이론의 기나긴 여름(Der lange Sommer der Theorie)》을 통해 과거를 제대로 습격하는 데 성공했다. 펠쉬는 이 책에서 광범위한 논쟁을 일으킨 쟁쟁한 철학자 집단과 그들의 저서를 열렬히 탐독한 독자들을 1960년부터 1990년까지 시대별로 분류했다. 이 두 책이 전하는 메시지는 분명하다. 체계적으로 읽고 이를 토대로 생각을 세우는 행위는 모조리 희망을 찾을 수 없을 정도로 한물 가버렸다는 것이다.

이는 완전히 잘못된 생각은 아니지만, 다소 피상적인 판단일 수 있다. 근거는 다음과 같다. 첫째, 과거를 향수로 미화하고 현재에 대해서는 무지하기 때문에 약간의 모순이 발생한다는 점이다. 사실 1970~1980년대에도 오로지 소수의 반항적인 젊은이와 급진적인 소장학자만 엄청난 양의 이론에 탐닉했다. 이러한 소수는 오늘날에도 여전히 존재한다. 예전에 비해 훨씬 적지만 말이다. 둘째, 예전의 좌파가 현실을 오로지 독서를 통해서만 인식하고 이를 바탕으로 역사를 여는 열쇠를 확보했다고 굳게 믿은 종파적 교조주의자이자 책벌레였다 할지라도, 그들이 결코 다수는 아니었다는 점이다. 이탈리아 출신의 전설적인 공산주의자 로산나 로산다Rossana Rossanda는 자서전에 이렇게 썼다. "'너희는 확신을 품고 살지 않았느냐'라는 말을 들을 때마다 '정말 터무니없는 이야기군'이라고 생각했다." 사실은 이와 정반대였다. "우리는 의문을 품고 살았다." 세상은 끊임없이 변하고, 항상 불분명하며, 이제까지의 분석은 모두 허사가 될 수 있다는 뜻이리라. 좌파 사상은 단 한 번도 고정된 적이 없었다. 항상 흔들리는 지반 위에 있었다. 셋째, 이론가라고 불린(예전에는 이데올로그라고 불린) 사람들은 좌파 정당과 그 주변에서 항상 소수에 불과했지만, 좌파 운동의 기초가 되는 사상에 깊은 영향을 끼쳤다는 점이다.

오늘날 좌파 사상은 더 이상 존재하지 않는다고 쉽게 말할 수 있을까? 대다수 평균적인 좌파가 생각하듯이 이는 그저 약간의 감정을 앞세운, 공상적 사회개량가의 입장에 불과할까? 지난 150년 동안 시도해온 이론적 성찰에서 완전히 벗어나는 행위일까?

공통감각

나는 이와 같은 생각에 반박하는 시도를 감행할 것이다. 오히려 상황은 이와 정반대라는, 거의 극언에 가까운 말을 할 것이다. 다시 말해 동시대 대다수 평균적인 좌파들의 생각은 오히려 철학적·이론적 성찰의 산물이라고 주장할 것이다. 이와 관련해 공산주의 사상가이자 20세기 가장 뛰어난 이론가의 한 사람인 안토니오 그람시Antonio Gramsci는 이렇게 쓴 적이 있다. "어떤 철학 사조든 '공통감각('상식'으로 옮기기도 한다-옮긴이)'이라는 퇴적물을 남긴다. 이 퇴적물은 철학 사조가 역사적으로 수행해온 일종의 증명서다. 공통감각은 전혀 경직되거나 고정되어 있지 않으며, 오히려 지속적으로 변화한다. 공통감각은 일상생활에서 무시되는 학문적 개념과 철학적 견해를 축적한다. 공통감각은 철학을 민간에게 전승하는 행위다." 여기서 그람시가 말한 공통감각의 퇴적물 속에 지난 150년 동안 있었던 좌파의 수많은 이론적·사회 비판적·철학적 분석 요소들이 들어 있다고 하면 절대 안 될까? 다시 말해, 이렇게 수많은 좌파적 분석 요소가 일종의 '스며드는' 과정을 통해 널리 퍼진 것이라고 여기면 안 될까?

이 같은 스며드는 과정을 다소 거칠게 표현하면 다음과 같다. 어느 현명하고 사려 깊은 사람 또는 남녀 이론가로 이루어진 집단이 철학적 분석을 발전시킨다. 이 철학적 분석을 철학이나 사회 비판에 관심 있는 소집단이 습득한다. 이 소집단은 철학적 분석을 완전하게 또는 부분적으로 넘겨받은 뒤 다른 이론의 일부분과 조합한다. 이렇게 만들어진 철학적 분석은 지적인 문제 제기에 관심을 갖는 주위 사람들에게 널리 퍼진다. 또한 언론 매체, 신문 논설, 에세이가 이 철학적 분석을 받아들인다. 철학적 분석은 처음에는 가끔씩, 그 뒤에는 자주 관심을 받는다. 공개 토론, 학생들이 술집에 모여서 하는 토론, 그리고 다른 어떤 곳에서 철학적 분석을 다룬다. 이때 사람들은 이 철학적 분석이 원래보다 줄어든 형태, 그러니까 상당히 단순화된 변형이라고 거듭 강조한다. 또 어떤 사람들은 사물을 절대로 단순하게 보아서는 안 된다고 주의를 준다. 현실은 복잡하고 복합적이지만, 바로 그렇기 때문에 흥미롭다는 것이다. 바로 이러한 방법 또는 이와 비슷한 방법으로 이론과 철학은 널리 퍼지며 일종의 퇴적물이 된다.

퇴적물이 된다는 것은 무슨 뜻일까? 어느 누군가가 기록한 것을 뒷사람들이 서로 나눈다. 어쩌면 누구도 절대 읽지 않을 것을, 논제를 최초로 발전시킨 철학자와 이론가 외에는 아직 한 번도 듣지 못했을 것을 나눈다. 그런데 그람시가 말한 것처럼 바로 그렇게 나눈 다음에 철학의 힘이 증명된다. 즉 철학이 공통감각이 되고 많은 사람들이 논제를 '마치 당연한 것처럼' 나누게 될 때 철학이 지닌 힘이 입증되는 것이다. 그리고 이렇게 스며드는 과정에서 퇴적물은 언어가 지닌 표상과 정확하게 마주하게 된다. 이러한 퇴적물에서 또 하나의 퇴적이 생긴다. 이렇게 퇴적은 층과 층을 차곡차곡 쌓아 올릴 때까지 계속된다. 철학 사조도 마찬가지다. 과거 어느 때에 묻혔지만 결코 완전히 잊힌 적은 없는, 이행되지 못한 약속이 꾸준히 쌓인다.

그람시가 정의한 대로 공통감각은 격언처럼 본능적이고 직관적인 앎의 형태로 머릿속에 들어선다("무에서 무가 나온다", "법칙은 법칙이다"). 그리고 이것이 세상을 보는 흔한 방식이 된다. 그러나 널리 통용되는 사회 비판적인 논제 또한 오늘날에는 보다 넓은 범위에서 공통감각에 속한다. 가령 '자본주의가 모든 것을 상품으로 만들어버린다'라든지, '인간은 더 이상 아무것도 이야기하지 못한다' 같은 것이다. 또한 '인간 개개인은 넓은 의미에서 보면 자신이 처한 환경 및 사회의 산물이다', '우리에게는 실존적인 욕구가 있지만, 동시에 기업과 광고가 우리에게 팔아넘긴 인위적으로 만들어진 욕구도 있다'라는 논제도 있다. '성 역할이 여성을 억압한다'(남성도 마찬가지다)라는 논제도 마찬가지다. 같은 맥락에서 인종차별적인 시선도 있다. 예를 들어 아프리카인에 대한 '백인의 시선'이다. 식민주의적인 관점으로 세계사를 바라보는 해로운 시선 또한 존재한다. 이러한 평가, 견해, 신념 들은 광범위하게 퍼져 있고 적지 않은 곳에서 확실하게 인정받고 있다. 그렇기 때문에 이러한 평가, 견해, 신념 들은 전적으로 공통감각에 포함될 수 있다(아마도 사회 전체의 공통감각에는 포함되지 않겠지만, 넓은 의미에서 좌파라고 불리는 수백만 명의 공통감각에는 속할 것이다).

마찬가지로 '생각이 깊은 사람들'이 모인 집단 안에도 수많은 신념이 존재한다. 이런 신념은 개인, 자유, 비추종주의, 창의성, 자아실현 따위와 연결되어 있다. 이것들은 사고하는 과정에서 영감을 받아 생긴다. 예를 들면, 우리는 사르트르Sartre의 실존주의라든지 마르쿠제Marcuse의 '일차원적 인간'에 대해 생각하다가 개인, 자유 따위를 깨닫는다. 물론 이 생각이 깊은 사람들은 사르트르나 마르쿠제의 저작을 한 번도 읽은 적이 없을 수도 있다.

아주 넓은 의미에서의 좌파

많은 사람이 큰 영향력을 지닌 이론의 논제 전체를 또는 논제의 일부를 나누기 때문에(그것도 의식적이 아니라 자발적으로) 이론은 거대한 영향력을 발휘한다. 이런 점에서 오늘날 좌파가 '반지성적이다', '이론을 망각했다', '탈이데올로기화했다'라는 다소 모욕적인 명제는 의심할 만하다. 오히려 이렇게 말해야 한다. "이런 의심은 어떤 관점에서는 사실이지만, 또 다른 관점에서는 사실이 아니다." 나는 여덟 장으로 이루어진 이 책에서 각 장마다 해당 이론을 구성하는 요소는 물론 소외, 혁명, 개혁, 개인주의, 권력 같은 슬로건을 집중적으로 다룬다. 또한 오늘날 좌파 및 사회 비판 세력은 어떤 자세로 첨예한 이슈를 다루는가도 다룬다. 아울러 이슈를 바라보는 좌파의 시각은 어떤 이론적 원천에서 비롯하는지를 모조리 드러내고자 한다.

나는 이 책의 원제인 '나는 좌파인가Was Linke Denken'가 오해받을 수 있다는 점을 인정한다. 첫 번째로 내가 아는 좌파 친구 상당수는 당연히 '남보다 생각을 약간 더 한다고 해서 해롭지는 않다'라고 생각하기 때문이다. 두 번째로 당연히 좌파는 단일하고 동질적인 형태로 존재하지 않기 때문이다(여러 좌파가 어떤 주제로 토론하며 어떻게 싸우는지 지켜본 적이 있다면 내 말이 무슨 뜻인지 잘 알 것이다). 그래서 나는 '아주 넓은 의미에서의 좌파'라는 말을 쓰고자 하며, 먼저 이 말이 무슨 뜻인지 분명히 밝혀야 할 것이다. 어떤 근본적인 신념에 의해 좌파 정당을 선택한 사람들은 사회민주당원, 녹색당원, '좀 더 좌편향된' 좌파 정당원이라고 불러야 할 것이다. 그런데 이와 달리 사회적 연대를 위해 노력하는 사람들이 존재한다. 교육 평등권을 위해 활동하는 시민단체의 부모들, 난민을 돕는 기독교 카리타스 소속 회원들이 여기에 속한다. 또한 안티파Antifa('안티 파시즘'의 두문자어 — 옮긴이) 시위대는 물론 노동조합의 대의원과 대표도 있다. 이뿐만이 아니다. 2~3년마다 한 번씩 시위에 참여하는 사람들이나 매주 데모에 나서는 사람들, 예술의 자유를 지지하고 순응에의 강요를 반대하는 사람들, 진상 규명을 통해 무언가를 실현할 수 있다고 믿는 사람들, 국제성internationality이 적어도 국가주의와 인종차별주의보다는 훨씬 매력적이라고 생각하는 사람들, 돈과 출세가 인생에서 가장 중요하지는 않으며 누구든지 공정한 사회에서 권리와 기회를 누리고 자신의 재능을 개발해야 한다고 생각하는 사람들, 미국 대통령 선거에서 흑인 민주당 후보가 승리하는 것이 인종주의자 공화당 후보가 승리하는 것보다 훨씬 기쁜 사람들, 비좌파들의 '젠더gender적 망상'이라는 비난을 이겨내면서 여성해방주의자를 탄생시킨 사람들도 마찬가지다. 요약하면 좀 더 좌경이면서 정치적으로 확실한 좌파, 중도에 있는 보통 사람들, 왼쪽으로 생각하고 행동하는 사람들이 '아주 넓은 의미에서의 좌파'에 속한다. 좌파는 이렇게 다채롭고 이질적이다.

이 책은 이처럼 여러 색채의 좌파로 이루어진 압도적인 다수(이들을 '대리석 좌파' 또는 '모자이크 좌파'라고 일컬을 수 있다) 사이에서 드물게 의견이 일치하는 문제를 다루며, 좌파 사상의 철학적·이론적 토대를 다룬다. 학술적으로 다뤘다고는 할 수 없지만 학문 분야, 자세히 말하면 지식사회학으로부터 영감을 받았다. 지식사회학은 이론과 지식이 어떻게 만들어지는지에 대한 질문을 제기할 뿐만 아니라, 사람들이 어떻게 받아들이는지도 파고든다. 이 책은 이론을 독창성의 측면에서 판단·비평할 뿐만 아니라 이론이 영향을 끼쳐온 역사도 중요하게 여긴다. 그런데 이런 자세는 다른 관점에서 보면 비학문

적이다. 그러므로 이 책은 의도적으로 누구나 이해할 수 있는 방향성을 지향한다. 이론을 에워싼 이해 못할 목소리와 속삭임을 이 책에서는 찾아낼 수 없기를 바란다.

왜 좌파는 이론을 즐겨 말할까

무엇보다 당신이 지금까지 이 글을 읽으면서 하고 싶은 질문은 아마도 다음과 같을 것이다. 철학에 대해, 그런 다음 이론에 대해 번갈아가며 말하는 이유가 무엇일까? 좌파는 왜 이론을 즐겨 말할까? 그들은 왜 단순히 철학만을 말하지 않는 걸까?

이는 사실 다루기 힘든 질문이기에 나는 이에 대한 답변을 아주 간단하게 내놓을 수밖에 없다. 즉 철학은 전통적으로 명확하게 경계를 짓는 학문이라는 것이다. 철학은 역사적으로 이데아, 정신 같은 개념과 강한 연관을 맺고 있다. 그런데 좌파 철학은 정신과 사상을 많이 다루면서도, 물질적 결핍이나 생산, 권력에 대해 숙고하지 않는 철학의 행태에 대항한다. 마르크스는 특정 이데아가 싹을 틔우는 경제적·사회적 토대를 분석하려 한다. 그래서 그는 이론이라는 개념을 상당히 선호한다. 이론을 통해 여러 분야의 통합이 가능하기 때문이다. 여러 분야 가운데 일부가 바로 경제학, 사회학, 철학, 역사학, 심리학 들이다. 이처럼 이론은 모든 것이 연결되고 관련 맺을 수 있는 급진적인 개방성을 갖는다. 필요한 경우에는 과학 기술이나 컴퓨터 네트워크 연구도 가능하다. 이론이라는 관점에서 보면 모든 것은 잠재적으로 흥미롭다. 흥미를 느끼기 위해서는 적절하게 관찰할 능력을 갖춰야 한다. 심지어 변기 뚜껑 디자인도 관찰할 수 있어야 한다. 이론이라는 개념 안에서는 어떤 잠정적·일시적인 것도, 미완결인 것도, 가벼운 것도 다 함께 공명한다. 이론 안에서는 실험을 할 수 있는 조건이 엄정하고 체계적으로 설계된 철학 구조에서보다 훨씬 많다. 여기서 수많은 좌파나 포스트모더니즘 사상가가 이론을 철학보다 선호하는 이유를 대략이나마 알 수 있다.

이에 대해 지금 이의를 제기해도 좋다. 이의제기란 글자의 뜻 하나하나를 꼬치꼬치 따지고 개념의 공리공론을 헤아리는 행위다. 우리는 이의제기를 통해 좌파 정신사라는 보다 광범위한 시각 한복판으로 다가갈 수 있다. 이의제기라는 이름 아래 특정한 개념과 용어를 두고 헛된 언쟁이 벌어져 이론과 담론의 유행이 시들해졌다고 해도 말이다.

오늘날 "좌파는 생각하기 싫어하고 젊은 대학생은 이론을 잊어버렸다"라고 한탄한다. 하지만 사실 좌파 책벌레는 언제 어떠한 상황에서도 호감 가는 유형은 아니었다는 점을 잊어서는 안 된다. 우리는 무균 상태로 문자를 곧이곧대로 믿는 행위라든지, 라디오 디스크자키처럼 담론을 떠벌이는 좌파 이론 지도자의 아는 체 하는 짓을 얼마나 자주 비웃었는가! 대학생이나 학술적인 좌파는 자신이 고고한 듯 고전에서 발췌한 인용문을 두고 서로 얼굴을 맞대며 강박적으로 쏟아붙이곤 했다. 쉽내 나는 마르크스 텍스트에서 부분적으로 따온 문장을 가지각색으로 해석해 싸움을 벌이다가 갈라서기도 했다. 이렇게 극단적인 진지함과 우스꽝스러움을 동시에 드러내는 경우가 드물지 않았다.

이런 부류는 흔히 아는 것처럼 1968년 이후에 처음 나타난 것이 아니다. 20세기 유명한 지식인 가운데 하나인 조지 오웰George Orwell은 좌파 이론가라는 인물 유형을 날카로운 선으로 스케치하고 폐부를 찌르는 말을 서슴지 않았다. "공산주의자가 구사하는 전문용어는 마치 수학 교과서에서 쓰는 언어처럼 일상에서 하는 말과는 아주 동떨어져 있다." 1930년대에 오웰은 사회주의자들 사이에서 보이는 "스웨터를 입고 머리카락은 헝클어졌으며 마르크스를 인용하는 지적이면서 논문을 쓰는 유형"은 결코 사회주의의 장점이 될 수 없다고 썼다. 바로 이런 이유 때문에 많은 노동자가 "사회주의자는 지루하거나 불쾌한 사람"이며, 상당수 좌파 이론가가 세운 이론과 이상향을 "융통성 없는 현학자를 위한 낙원"이나 다름없다고 생각했다. 이들 현학자는 글자 하나하나에 얽매이는 멍청이이자 절대로 정상적으로 살 수 없는 사람으로 묘사된다. "여기에 덧붙여 사회주의자가 모여 있는 곳에는 미친 유형의 사람이 무서울 정도로 – 진정 불안하게 만든다 – 많다. 때때로 '사회주의'와 '공산주의'라는 단어는 과일 주스 옹호자, 나체주의자, 샌들을 끌고 다니는 사람, 섹스중독자, 퀘이커교도, '자연 치유'를 주장하는 사기꾼을 …… 마술처럼 자기장 안으로 끌어오는 듯한 인상을 받는다." 오웰은 좌파 이론가 유형을 마치 눈앞에서 확인한 듯 생생하지만 악의적으로 묘사했다. "기독교도와 마찬가지로 사회주의 역시 추종자가 사회주의의 가장 해로운 선전 요소다."

그렇다고 해도 사상은 분명 위대한 모험이다. 우리는 독창적이고 탁월한 이론을 통해 이전에는 결코 떠올리지 못했던 생각에 도달한다. 생각과 이론은 우리의 머릿속에서 우리가 계속 깨어 있도록 하며, 우리가 타락하고 무뎌지는 것을 막는다. 생각을 통해 인간은 세상을 변화시키려는 마음을 품고 움직인다. 생각은 세상을 변화시킨다. 바로 이런 이유로 이 책은 동시대 좌파 사상의 범주 외에도 제시하고 싶은 것이 더 있다. 생각이라는 모험을 위한 선전물 역할을 하고 싶다. 당신의 머릿속에 폭풍을 일으키는 선전물 역할을 하고 싶다. 당신이 지금까지 생각하지 못했던 생각의 연상 작용을 불러일으키고 싶다.

1장

혁명에 대해 말해보자

오늘날 우리는 왜, 어떤 식으로든 마르크스주의자일까?
그런데 왜 한편으로는 마르크스주의자가 아닐까?

"마르크스주의자가 아닌 자 누구란 말인가? 이렇게 말할 수 있다. 모두가 마르크스주의자다. 어느 정도는, 자기도 모르게." 안토니오 그람시가 백 년쯤 전에 쓴 글이다. 지금 시점에서 상당히 터무니없다고 생각할 수 있다. 당신은 아마도 마르크스의 이런저런 저작을 읽어보았을 것이다. "그렇다고 해서 마르크스주의자는 절대 아니다"라고 항변하는 목소리가 들리는 듯하다. 물론 당신이 마르크스의 저작을 모두 읽었다고 해서 반드시 마르크스주의자가 되는 것은 아니다. 그런데 마르크스주의에 관한 책을 단 한 줄도 읽은 적이 없는데 어떻게 마르크스주의자가 된다는 것일까? 또 다른 이의를 제기할 수도 있다. "그렇다. 나는 마르크스주의자다. 하지만 대부분의 사람들은 마르크스주의자가 아니지 않느냐." 이렇듯 마르크스주의자라는 단어는 그 뜻이 상당히 애매하다. 그람시 또한 마르크스주의자라는 단어를 '어쨌든' 적절하게, 동시에 '어쨌든' 부적절하게 사용했다(게르숌 숄렘 Gershom Scholem(독일 출신의 유대 신비주의와 카발라 연구 분야의 세계적 석학 — 옮긴이)이 발터 벤야민Walter Benjamin에 대해 쓴 것을 보면, 그는 "벤야민만큼 '어쨌든'이라는 단어를 자주 사용하는 경우를 본 적이 없다"라고 한다. "'어쨌든'이라는 단어를 통해 견해가 생겼음을 낙인찍는다." 그러니까 '어쨌든'이란 무언가가 특정한 방향으로 발전하리라는 예감, 또는 체계적이지도 않고 최종적으로 입증할 수도 없는 상태에서 생각할 수 있다는 예감이다. 이러한 뜻에서 당신은 이 책에서 '어쨌든'이라는 단어를 상당히 자주 만나게 될 것이다).

마르크스가 발전시킨 일련의 기본 논제는 오늘날 널리 퍼져 있다. 이와 부수적으로 연계된 사고 체계도 여러 종류가 있다. 마르크스의 논제들 가운데 여럿은 단순화·대중화되어 널리 퍼져 있어서 허튼 내용의 언동으로는 이 논제들을 없애지 못한다.

마르크스 철학은 본질적으로 생각과 사상, 이상이라고 말할 수 있는 것에 몰두한다. 인간은 마르크스가 등장하기 이전에도 경제가 인류의 삶에서 중요한 역할을 한다는 점을 잘 알고 있었다. 농부가 밭을 경작하고 수공업자가 재화를 생산한다는 점을, 상인은 상거래에 종사하고 귀족은 민중을 쥐어짠다는 점을 잘 알고 있었다. 하지만 철학이나 역사학은 진부하고 부차적인 관점을 제시하는 데 그쳤다. 철학이나 역사학은 모든 가능한 것에 몰두했지만 실제 삶에는 집중하지 않았다. 인간은 스스로 자신의 세계를 지닌다는 사상, 한 사회가 어떤 수준으로 문명을 이루느냐는 경제 발전 상태와 관련 있다는 사상은 적어도 철학에서 중요하게 다루어지지 않았다. 하지만 오늘날 인간이 삶을 계획하고 목표를 설정하기 위해서는, 그리고 자신이 사는 세상에 대한 견해를 갖기 위해서는 인간이 처한 물질적 토대와 실제 생활 상태를 이해하는 것이 결정적이라는 확고한 인식에 이르렀다. 사람들은 물질적 발전이 어떤 수준에 도달하면 그 동안에는 상당히 진부하고 평범한 것으로 여겨지던 것이 중요하게 다가온다는 점, 사회가 공통적으로 개화된 의식, 민주주의 제도, 제대로 기능을 발휘하는 국가 체제, 사법·사회·문화 기관의 앙상블을 능히 만들어 낼 수 있다는 점을 깨달았다. 아울러 인구의 절대 다수가 가난과 굶주림에 시달리며 겨우 살아간다면 타인을 존경하고 법규를 존중하는 상황은 도래하기 어렵다는 사실도 깨달았다. 이러한 관점은 근본적으로 마르크스가 최초로 역사유물론을 통해 탄생시킨 것이다(오늘날에는 어린이도 반박하지 않는 관점이다). 이러한 관점에서 보면 그람시가 말했던 것처럼 오늘날 우리 모두는 마르크스주의자일 수도 있다.

이제는 골방에서 홀로 또 다른 세상을 남몰래 그리지 못한다(혹시 운이 따르면 그렇게 할 수는 있겠지만 무의미하다). 물질적 번영과 발전은 새로운 사회 환경, 사회 계급, 특정한 사상을 생성하고 지지하는 바탕이다. 따라서 마르크스가 표명한 것처럼 "생각이 현실을 위해 돌진하는 것만으로는 충분하지 않다. 현실이 직접 생각으로 돌진해야 한다."

이제 사회는 특정 생산 방식(예를 들면 쟁기, 증기기관, 컴퓨터)만 만들어내는 것이 아니라, 인간이 받아들여야 할 새로운 관계 양상도 만들어낸다. 봉건제·소작농 중심의 경제에서 농노 신분은 관습이자 관행이었다. 반면 현대 산업 체제에서는 예전과 완전히 다른 관계에 바탕을 두는 임금 노동이 나타났다. 기업가가 일자리를 주고 노동자는 노동력을 팔아야 한다. 요즘 말로 하면 이렇다. "나는 직장을 뜻대로 선택할 수 있고 나를 최고로 마음에 들어 하는 회사에 들어갈 수 있다." 이는 노예제도와 비교하면 엄청난 장점이지만 단점도 있다. 즉, 빈곤한 처지로 굴러 떨어지지 않으려면 직장을 가져야 한다. 월급을 잘 주는 직장이 가장 좋다. 돈과 물자가 부족하면 여러 가지 문제에 맞닥뜨리니까. 하지만 이런 건 하찮다. 노예나 농노와 달리 임금 노동과 고용 계약에 바탕을 두는 사회에서 나는 자유롭다. 그리고 이러한 사회에서 '자유'는 노예제와 복종 체제가 만연한 사회와는 본질적으로 다른 의미를 지닐 것이 분명하다. 이제 이 모든 것은 간단하고 단순한 관계가 아니라, 마르크스가 이름 붙인 것처럼 "관계에서 발생하는 관계"라고 해야 할 것이다.

이는 물질 생산의 단계가 인간의 생각에 영향을 끼치고 인간의 생각은 다시 물질 생산 방식에 영향을 끼친다는 것을 뜻한다. 여기서 일부 관계는 복잡한 방식으로 이루어진다. 즉 생산 기술의 발전은 컨베이어벨트의 발전으로 이어지고 많은 사람들은 기계의 충양돌기蟲樣突起처럼 취급당한다. 기계를 다루는 손놀림은 전부 단일화·규격화되고 노동자의 실제 능력과 창의성은 완전히 무가치해진다. 이에 반대하는 반란이 있었고 이 반란은 노동조합의 발전으로 이어졌다. 이뿐만이 아니다. 150년 전 대부분의 사람들은 창의성이라는 단어를 전혀 몰랐다. 반면 오늘날에는 '창의성 있다'가 널리 가치를 인정받는다. 그렇기 때문에 자신이 원하는 일에 기분 좋게 몰두하려면 최소한 자신의 창의성이 상품으로서 수요가 있다는 인상을 남들에게 심어줘야 한다. 이에 대해서는 본격적으로 다룰 필요가 있다. 하지만 여기서는 오래 걸리는 데다 지루하기까지 한 마르크스에 대한 해석을 본격적으로 소개할 여유가 없다. 대신 마르크스 사상이 어떻게 오늘날 사회과학 전체의 공공재산일 뿐만 아니라 사람들 대부분이 어느 정도 공유하는 사상 체계로 자리매김했는지 그 근원을 거슬러 올라가 탐구할 것이다.

우리 모두는 어쨌든 마르크스주의자다

이 책을 읽다 보면 오늘날에는 거의 공공재산이 된 마르크스 사상 몇 가지와 계속 마주하게 된다. 소외, 자본주의 경제의 모순, 이데올로기가 작용하는 방식에 대한 고찰 들이다. 마르크스의 주요 사상 몇 가지만 소개하려면 마치 워드랩wordrap(마이크로소프트 워드 문서에서 글자 사이의 간격이 갑자기 넓어지는 현상 ― 옮긴이)처럼 마르크스가 쓴 문장 몇 개를 띄엄띄엄 인용해야 한다. 당신은 이 문장 가운데 몇 가지를 확실히 기억할 것이다. 이 문장들을 또는 엇비슷한 내용들을 읽거나 배운 적이 있을 것이다.

마르크스는 1844년(당시 그는 20대 중반이었다)에 이렇게 썼다. "각각의 생산물은 미끼이며 그 자체로 다른 사람의 본질, 다른 사람이 가진 돈을 꾀어내려 한다. 실제적인 또는 실현 가능한 모든 욕구는 마치 끈끈이 막대를 향해 달려드는 파리처럼 약점이 된다." 당시 사회에서 돈은 신의 지위에 올라 있었다. "돈으로 무엇이든 전부 손에 넣을 수 있다. 돈으로 무엇이든 구입할 수 있다. 돈이 곧 진정한 능력이다." "그러므로 모든 열정과 모든 활동은 소유욕 안에 가라앉아 있는 게 분명하다." 돈이라는 상품은 단지 다른 모든 상품을 손에 넣을 수 있는 특수한 상품일 뿐이지만 모든 사회관계는 돈 관계로 물들고 변질된다. 돈 관계가 "신뢰를 불신으로, 사랑을 증오로, 증오를 사랑으로, 도덕을 부도덕으로, 부도덕을 도덕으로, 하인을 주인으로, 주인을 하인으로, 허튼 생각을 이성으로, 이성을 허튼 생각으로" 바꾸기 때문이다. 또한 돈을 소유하면 미치광이가 되고 만다.

마르크스는 이 모든 특성을 냉정하게 분석한다. 처음부터 비난이라든지 문화 비관론적인 자세는 드러내지 않는다. 마르크스는 이 모든 관계의 정밀한 상호작용을 설명하면서 상투적인 표현을 쓰지 않으려 무척 애쓴다. 하지만 유감스럽게도 완벽하지는 못했다. 이미 한 번은 들은 적이 있을, 마르크스가 쓴 가장 유명한 문장을 두 개만 인용한다. "지배계급의 생각은 각 시대마다 사회의 지배적인 생각이 된다. 이는 사회의 물질 권력을 차지한 지배계급은 동시에 지배적인 정신 권력도 차지한다는 뜻이다." "인간이라는 존재를 이루는 것은 의식이 아니다. 이와 반대로 사회적 존재가 인간의 의식을 규정한다."

이 두 개의 상투적 문장은 1장 첫 부분에서 말한 내용을 떠오르게 한다. 즉 사상이나 생각은 이상향에서 발생하는 것이 아니라 사회적 관계라는 부식토에서 자란다는 것이다. 이 부식토에서는 지배계급의 생각뿐만 아니라 피지배계급의 저항 의식도 자라난다. 그러나 여전히 사회구성원들이 세상을 설계하는 토대로써 작동하는 것은 지배계급의 생각이다. 지배계급의 사고방식과 생각이 가장 일반적인 것으로 받아들여지기 때문이다. 인간은 자신이 사는 시대의 지배적인 질서를 당연하게 여긴다.

"사회적 존재가 인간의 의식을 규정한다"라는 말은 오해의 소지가 있다. 이 표현은 마르크스의 뜻을 제대로 이해하고 실천할 때 비로소 올바르게 된다. 세상을 바라보는 인간의 눈은 각자의 처지에 따라 차이가 날 수밖에 없다. 예를 들어 계급 서열의 최하위에 있느냐 최상위에 있느냐에 따라 엄청나게 차이가 난다. 더욱이 하위 계급은 계급 서열 질서가 부당하다고 생각하는 반면, 상위 계급은 공정하다고 여긴다는 점은 결코 공공연하게 언급되지 않는다(노예는 사회 계급 서열에서 자신이 위치한 자리가 바로 신이 직접 지정한 자리라는 견해를 갖기도 한다). 계급 서열에서 자신의 위치가 정당할 뿐만 아니라 계급 서열이 존재하는 상황 전반이 상위 계급과 하위 계급 모두에게 정상적으로 보일지도 모른다. 반면 계급 서열 자체가 없는 사회에서 세상을 바라본다면 누구든 계급 서열이 불합리하다고 여길 것이다. 마찬가지로 매우 평등한 사회에서는 비정상으로 보일 것이다. 자연스럽게 다음과 같은 상황이 떠오른다. 거대한 육식어^{肉食魚}는 먹이사슬을 아주 공정하다고 생각하겠지만 중간 크기의 물고기는 부분적으로만 공정하다고 여길 것이다. 또한 항상 잡아먹히는 위치에 있는 물고기는 오히려 먹이사슬이 부당하다고 생각할 것이다. 마르크스의 계급 이론에 동의하고 심지어 실천하려는 사람일지라도 실제의 계급 서열 관계는 이론처럼 단순하다기보다 아주 복잡하다고 생각한다.

그럼에도 마르크스주의는 오늘날 광범위하게 퍼져 있는 우매한 사람들에게 은혜를 듬뿍 베푼다. 당연히 좌파만을 위해서가 아니다. 지배층이 자신들의 이익만을 대변하는 거짓말을 일삼는 언론을 돈으로 장악함으로써 사회의 여론을 돈으로 사들일 수 있다는 우려, 대개의 사상이란 진정한 관심사를 적당히 얼버무려 은폐하는 고차원 수법의 알리바이에 지나지 않는다는 의심, 누군가가 중동 지역의 자유를 위해 전력투구한다면 십중팔구 석유와 관련되어 있을 것이고 석유업계가 자금을 댈 것이라는 추론, 전쟁이나 혁명에는 이데올로기라든지 자유, 국가, 인종 같은 슬로건이 주요 명분으로 전면에 등장하지만 현실에서는 항상 경제적 이해관계가 얽혀 있다는 해석, 이렇듯 마르크스주의는 우매한 사람들을 위해 사회에 만연한 의혹을 본격적으로 해석하는 학문으로 기능하며 자리를 잡아 왔다.

이런 의미에서 "오늘날 우리 모두는 어쨌든 마르크스주의자다"라는 그람시의 말은 보편성을 띤다. 그런데 유감스럽게도 여기에 추가해야 할 문장이 있다. "오늘날 너무나 많은 사람들이 어쨌든 깊이 없고 천박한 마르크스주의자다." 그리고 이 두 개의 문장을 하나로 합치면 이렇다. "우리가 오늘날 마르크스주의자가 되지 않기란 사실상 불가능하다. 다만 우리는 영리한 방법으로 또는 어리석은 방법으로 마르크스주의자가 될 수 있을 따름이다."

경제학자이자 그리스 재무장관을 지낸 야니스 바루파키스Yanis Varoufakis가 몇 해 전에 한 강연을 보면 앞서 말한 뜻을 보다 확실하게 이해할 수 있다. 그는 강연을 하면서 가운데 손가락을 추켜올리는 파격적인 행동을 했을 뿐만 아니라, 다음과 같은 내용을 강조했다. "제가 어떻게 해서 예측불허의 마르크스주의자가 됐을까요?" 바루파키스는 맨 먼저 자신은 어려서부터 마르크스의 방식으로 생각하는 법을 마음속에 각인시켰다고 밝혔다. "저는 이런 내용을 '고상한 사회'에서는 절대 공개적으로 거론하지 않습니다. 사람들 대부분은 이 수염을 기른 남자(마르크스를 가리킨다 – 옮긴이)의 이름을 듣자마자 아예 들은 척도 하지 않기 때문입니다. 제가 경력을 계속 쌓는 동안 마르크스를 거의 완벽하게 무시했고, 제 최신 정치 이력서에 마르크스주의자라고 기입하는 것이 절대 불가능한데도 지금 마르크스를 거론하는 까닭은 무엇일까요? 대답은 간단합니다. 심지어 마르크스주의와는 거리가 먼 경제학조차 마르크스가 주창한 비판 방식을 따르기 때문입니다. …… 우리가 사는 세상에 대한 견해를 밝히라는 요청을 받으면 마르크스주의의 전통을 소급하는 것 말고는 방법이 없습니다. 어린 시절 아버지께서 기술이 이룩한 진보의 성과를 제게 확실하게 보여주신 이래로 마르크스주의적 사고방식은 제 머릿속에 뚜렷하게 각인되어 있습니다. 야금학자이자 화학 엔지니어셨던 아버지는 청동기 시대에서 철기 시대로 변천하는 역사 과정이 어떻게 진행됐는지 설명해주셨습니다. 강철의 발견이 어떻게 다시 한 번 사물의 발전을 촉진했는지, 실리콘을 기반으로 하는 IT 기술이 어떻게 세상을 완전히 뒤바꿔놓았는지를 설명해주셨습니다. …… 오늘날 일부 경제학자를 포함한 거의 모든 학파가 마르크스를 인류 정신사에 커다란 영향을 끼친 인물로 인정합니다. 동시에 그들은 마르크스가 끼친 공로가 오늘날에는 더 이상 그렇게 중요하지 않다고 주장합니다. 저는 다르게 봅니다. 마르크스가 자본주의 역학의 근본적인 딜레마를 정확하게 파악했다는 사실을 간과하면 안 된다고 생각합니다. 마르크스주의는 신자유주의라는 독을 막을 수 있는 면역 체계와도 같습니다. 다음 같은 사례만 봐도 그렇습니다. 사람들은 '부는 사적으로 생산된 뒤 거의 불법이나 다름없는 국가가 부과하는 세금에 의해 강탈당한다'라는 주장에 너무 쉽게 빠져듭니다. 그런데 마르크스를 공부한다면 사실은 정반대라는 점, 즉 '부는 공동으로 생산된 뒤 생산관계와 소유권을 근거로 사적으로 취득된다'라는 점을 이해한다면 더 이상 그런 생각에 빠지지 않게 됩니다."

바루파키스는 강연을 계속 이어간다. 그는 마르크스의 획기적인 분석 방식을 통해 사회가 돌아가는 법을 배웠지만, 당연히 마르크스가 모든 세부 사항에서 항상 옳았고 중대한 오류를 저지른 적이 한 번도 없었다는 뜻은 절대 아니라고 말한다. 그밖에도 그는 좌파의 목표가 과연 자본주의를 파괴하는 것인지, 아니면 자본주의를 구원하는 것인지, 때로는 자본주의를 좀 더 필요로 하는 것은 아닌지 확신이 잘 들지 않는다고 말한다. 그럼에도 자본주의를 파괴하는 것보다는 자본주의를 복지국가적 개혁을 통해 안정시키고 자본주의가 지닌 자기 파괴적 경향을 약화시키는 것이 훨씬 낫다고 주장한다.

마르크스는 자본주의가 내재된 모순 때문에 몰락하거나, 자본주의의 능력이 한계에 이르러 더 나은 사회 체제로 바뀐다고 확신했다. 그리고 노동계급, 프롤레타리아의 주도 아래 혁명이 일어나고 이때 자본주의 체제에서 이득을 보던 사람들은 자신이 누리던 특권을 빼앗기게 될 것으로 보았다. 이것은 오늘날 케케묵은 주장으로 취급받는다. 그럼에도 불구하고 마르크스의 사상은 오늘날 좌파에게 여전히 광범위하게 퍼져 있다.

과거 한때에는 '완전히 다른' 것에 대한 열망이 있었다. 그러나 오늘날에는 '이상향의 상실'을 한탄하는 풍조가 만연하다. 이제는 사회가 이상적인 상태에 도달할 수 있다는 주장을 믿는 사람이 거의 없다. 현재와 일상에 대해 틀에 박히지 않은 새로운 비전을 내놓는 것으로 충분하다고 생각한다. 많은 사람들이 비슷하게 생각한다. 좌파 안에서만 유난히 이런 생각이 만연한 것은 아니다. 그리고 이것은 양심의 가책을 일으킨다. 심지어 끈기 있게 개혁에 몰두하는 좌파조차 바루파키스와 마찬가지로 양심의 가책을 품고 있다. 여기서 양심의 가책이란 자본주의에 대한 자신들의 합리적·이성적인 판단과 행동이 결국 어중간한 일일 뿐임을 말한다. 그들은 아마도 '모 아니면 도'라는 생각을 굽히지 않는 자신만만하고 늠름한 좌파에게 남모르게 감탄하고 있을지도 모른다.

그래서 혁명을 생각한다는 것은 매우 매력적이다. 단순히 비판받을 만한 지배 질서를 무너뜨린다는 사실을 넘어 혁명은 환상 속에서 흥분을 불러일으키는 사건이다. 혁명은 천편일률적이고 지루한 지배 질서를 매우 약동적인 어떤 리듬으로 뒤바꿔놓는 사건이다. 우리는 혁명을 통해 강렬함이나 활력 같은 것들과 즉흥적으로 연결된다. 여러 철학자는 '사건'이라는 말에 담긴 본질적인 중압감을 자신의 책 전반에 다루기도 했는데 슬로베니아 출신 사상가 슬라보예 지젝Slavoj Žižek을 예로 들 수 있다. 본질적인 사건에 대한 열망은 언급할 가치가 있는 모종의 중요한 일이 일어나기를 바라는 열망이기도 하다. 그리고 아주 많은 사람들이 적어도 소규모 폭동쯤은 괜찮다고 본능적으로 느낀다. 폭동을 일으킨 사람은 폭동을 통해 자신이 지닌 힘을 느끼고 지배 엘리트를 불안하게 만든다. 일부는 여기서 더 나아간 생각을 한다. 그리고 이 생각은 '상황이 나쁠 대로 나빠져야 비로소 사람들은 저항한다'라는 신념으로 이어진다. 또한 폭동은 지금까지 실현 불가능해 보였던 일을 갑자기 가능한 것처럼 보이게 하는 특징도 있다.

어쨌든 오늘날에도 적지 않은 좌파가 이와 비슷한 생각을 한다. 심지어 혁명이라는 낭만적 행위는 사춘기 청소년들에게나 어울리는 불쾌하고 하찮은 짓이라고 여기는 사람들조차 그런 생각을 한다. 그들 또한 '작은 발걸음을 내딛는 정치'를 어쨌든 어중간한 일로 여긴다. 때문에 좌파 정권이 정치에 무관심한 사람들보다도 오히려 자기편에 속하는 사람들로부터 비판을 훨씬 많이 받는 기이한 상황이 벌어지기도 한다. 좌파라면 누구나 잘 알고 있는 사실이다. 때문에 좌파가 실컷 비웃음을 사는 경우가 종종 있다. 그리스 총선 몇 달 뒤 나는 테살로니키 출신의 운동가이자 시리자 당(그리스의 급진 좌파 정당 — 옮긴이) 전국 지도부의 일원인 카테리나 노토포울루Katerina Notopoulou와 함께 오스트리아 빈에 있는 레스토랑에 앉아 있었다. 우리는 도대체 국민이 어떻게 좌파 정권을 지지할 수 있는지에 대해 대화를 나눴다. "아, 좋은 질문이네요." 노토포울루가 말했다. "국민 80퍼센트가 이 정권에 대해 긍정적인 견해를 보였어요. 20퍼센트는 부정적이었고요. 그런데 이 20퍼센트가 바로 시리자 당원이자 지지자랍니다."

2장

혁명까지 할 필요는 없다

종종걸음으로 이상향에 다가가는 것만으로도 충분하다.
그런데 오늘날 누가 과연 이상을 품고 있는가?

오늘날 좌파 대부분은 쿠르트 투콜스키Kurt Tucholsky가 이미 80년 전에 했던 말을 떠올릴지도 모른다. "누구나 이상향이 실현되지 못한다는 사실을 잘 안다. 하지만 이상향의 불꽃이 피어오르지 않는다면 아무것도 변하지 않는다." 조그마한 개선이라도 이루기 위해서는 야심찬 목표를 세워야 한다는 뜻이다. 오늘날 조그마한 개선이지만 추구할 만한 가치가 있는 일을 목표로 삼는 것을 부정하는 사람은 거의 없을 것이다. 극단적이고 엄청나게 급진적인 몇몇 열혈한만이 점진적 개선을 옹호하는 이를 개량주의자라고 매도할 것이다.

좌파는 지금으로부터 백 년 전에 이 문제를 놓고 엄청난 싸움을 벌였다. 싸움은 프리드리히 엥겔스Friedrich Engels의 절친한 친구인 에두아르트 베른슈타인Eduard Bernstein이 일련의 논문을 쓰면서 공개적으로 일어났다. 이 논문에서 베른슈타인은 마르크스가 한 예언 일부, 특히 마르크스가 죽은 뒤 사회주의 진영에 널리 퍼진 기본 명제의 일부가 잘못으로 드러난 게 아니냐는 의문을 제기했다. 예를 들면 다음과 같다. 프롤레타리아는 궁핍에 빠진다. 계급 모순은 점점 첨예해진다. 자본주의에서 적대적 모순은 점점 더 격화되고 부득이하게 자본주의는 붕괴로 향한다(물론 그러기 전에 자본주의는 성숙한 단계에 이르러야 한다. 이렇게 돼야 붕괴가 제대로 된 의미를 갖는다). 이에 대해 엄청나게 꼼꼼한 학자인 베른슈타인은 몇 가지 문제를 제기했다. 우리가 옹호하는 이 프롤레타리아는 어디서 노동을 하는가? 어떤 공장에서 일하는가? 지난 몇 년 동안 임금 인상은 어떻게 이루어졌는가? 그는 국가의 세금 관련 자료를 자세히 살펴보았다. 아울러 각각의 과세 등급도 검토했다. 그리고 다음과 같은 사실을 확인했다. 프롤레타리아 중 상당수, 즉 수백만 명은 소득이 크게 늘었다. 그들은 1880년대와 완전히 다른 임금을 받고 있었다. 그들은 중산층 비슷한 상태로의 계급 상승을 경험했다. 베른슈타인은 "수많은 중위 계급"이 나타났다고 썼다.

베른슈타인과 그의 편에 서서 논쟁에 나선 사람들은 당연히 다음과 같은 점도 잘 알고 있었다. 즉 노동당이 성장했고, 수백만 명이 사회주의 정당과 노동조합에 가입했으며, 프롤레타리아의 역사적 역할을 믿어 의심치 않는 정당이 자본주의를 폐지할 수도 있다는 점을. 하지만 그들의 눈에는 자본주의 폐지를 둘러싼 논쟁에 관심을 보인 노동자보다 노동 보호 향상, 규칙적인 노동 일수, 극단적 착취 행위 제한, 공정한 임금, 높은 수준의 연금, 의료보험 보장에 관심을 갖는 노동자가 훨씬 많아 보였다. 그리고 간과할 수 없는 점이 또 있었다. 많은 노동자가 멋진 집을 구하고 자녀를 위해 좋은 음식을 마련할 수 있었다. 심지어 일주일에 한 번은 고기를 먹을 수 있었다. 의심의 여지없이 사회는 진보했으며 그에 따라 "프롤레타리아는 지속적으로 궁핍에 빠진다"라는 마르크스의 명제가 들어맞지 않게 되었다. 아울러 현명한 베른슈타인은 자본주의에서 파생되는 상황은 이뿐만이 아니라는 점도 파악했다. 자본주의 체제에서는 기술이 진보하면 할수록 더욱 높은 수준의 교육을 받은 노동력이 필요했다. 숙달된 노동자를 얻기 위해 제조업자는 더 많은 임금을 줘야 했다. 그밖에도 자본주의 체제에서 노동자라는 대중은 동시에 소비자가 될 필요가 있었다. 그리고 대량 소비에 의해 지탱되는 자본주의가 심화될수록 노동자의 소비 수준도 한층 더 중요해졌다. 이는 내재된 사회 변화의 일부 결과일 뿐이었다. 그리고 무엇보다도 이 모든 것을 쟁취한 장본인은 당연히 노동당과 노동조합이었다.

베른슈타인은 논쟁에 몰두하면서 절대로 고상한 척하지 않았다. 그는 '사상의 깃발'과 순수한 학설을 높이 쳐든 채 체제 내부에서의 모든 개혁 시도를 어설픈 땜질 처방일 뿐이라고 무시하는 사람들을 대놓고 비웃었다. 베른슈타인은 입센Ibsen의 희곡에 등장하는 주인공을 떠올렸다. "그들은 자신의 특기를 발휘해 '사상의 깃발'을 높이 쳐들 수는 있다. 그들은 깃발을 들고 이리저리 돌아다니는 짓은 잘하지만, 실제로 행동으로 옮기는 경우는 드물다." 베른슈타인은 이런 "유감스럽게도 사멸하지 않은 유토피아적 이상주의"를 경멸했다. 왜냐하면 유토피아적 이상주의는 자본주의 사회에서 불쑥 튀어 올라 사회주의 사회를 꿈꾸며 개혁의 형태로 나타나는 것을 모조리 혁명의 순간이 올 때까지 부차적인 미봉책에 불과하다고 무시하기 때문이었다. 결국 그런 과격주의자는 "'사회주의가 최종적으로 승리를 거두는' 날에 전부 해결할 때까지는" 모든 것을 뒤로 미루는 자세를 취할 수밖에 없다. 베른슈타인은 사회민주주의자라면 실제로 "현존하는 사회 체제가 머지않아 붕괴할 것이라고는 …… 기대하지도 소망하지도 말아야 한다"라고 주장했다. 오히려 좌파는 "국가에서 일어나는 모든 개혁을 위해 투쟁하고, 노동계급을 개선하고, 국가 체제를 민주적으로 개조하는 데 노력해야" 하며, "상황이 악화될수록 진보가 빛을 발한다"라는 생각에서 벗어나야 한다고 주장했다. 베른슈타인의 주장은 오늘날 진보가 어떻게 존재해야 하며 "사람들은 엄청나게 나쁜 상황까지 이르러서야 저항한다"라는 관용구와 대면한 진보가 어떻게 처신해야 하는지를 잘 보여준다. 좌파는 "사회에서 자유의 총합을 증가시켜야 하고" "관용구에서 해방돼야 한다."

혁명을 일으키는 프롤레타리아 계급은 사멸했다

오늘날 상당히 다채롭고 모자이크화한 여러 형태의 좌파는 확실히 아직도 '개혁과 혁명의 변증법'이라는 자세를 취하고 있다. 그런데 대부분의 좌파에게 베른슈타인 시대에 널리 퍼졌던 맥시멀리즘(극대주의 — 옮긴이)은 그리 중요한 고려 대상이 아니다. 혁명? 이제 혁명은 결코 기대할 수 없으며 다음다음 주 목요일에도 절대 일어나지 않는다. 자본주의에서 무슨 무슨 주의로 넘어가는 체제 변화는 서서히 진행될까? 그럴 수는 있지만 아주 긴 시간을 쏟아야 가능하다. 계급 없는 사회가 과연 최적 상태일까? 우리는 그런 사회를 경험할 수 없다. 언젠가 완전히 임시직이 된 프롤레타리아가 부르주아와 대립하면 계급 모순은 첨예해지고 결국 프롤레타리아는 혁명을 일으킬까? 이런 생각은 옛날에나 꾸던 꿈이고 실제로 일어난다고 해서 그다지 멋진 것도 아니다. 오늘날 프롤레타리아는 더 이상 동질적인 계급으로 존재하지 않는다. 오히려 지금은 문화적으로 굉장히 상이한 여러 하위 환경으로 이루어진 다양성이 중심이 된 사회다. 즉 최하위 계급, 중위 계급, 상위 계급으로 이루어진 사회적 피라미드 구조가 마르크스가 말했던 노동자와 자본가의 양대 계급 구조를 대신하게 된 것이다. 혁명을 일으키는 프롤레타리아 계급은 사멸했다.

오늘날 평균적인 좌파는 혁명보다는 이상에 서서히 접근하는 것으로 만족한다. 여기에는 더 많은 민주주의, 여러 상이한 생활양식과 인권에 대한 더 많은 존중, 모든 이가 자신의 재능을 균등하게 발휘할 수 있는 더 많은 기회 부여가 포함된다. 또한 누구나 존중받고 누구라도 극단적인 빈곤 속에서 불안에 시달리지 않도록 하는 것도 포함된다. 가능한 한 많은 사람에게 실질적인 자유의 기회를 부여한다. 사람들은 권력이나 지배층의 횡포로부터 보호를 받는다. 이는 좌파의 이상뿐 아니라 평등사상의 핵심이기도 하다. 그러나 형식적 민주주의, 언론의 자유, 동성 결혼의 합법화를 위해 전력투구하는 자유주의자라도 결국 현실에서는 좌파가 지적하는 계급 불평등이 자유를 광범위하게 제한하고 있다는 사실을 모를 수 있다. 위대한 좌파 정치철학자 노르베르토 보비오Norberto Bobbio의 말처럼 실용주의적인 좌파가 다른 실용주의자와 구별되는 점은 바로 "모든 개인이 평등하지는 않지만" 최소한 "불평등을 보다 평등하게 바꾸는" 목표를 이루기 위해 매진한다는 것이다. 좌파에게 있어 "평등이라는 이상은 좌파가 항상 응시하고 미래에도 응시할 북극성이다."

사회과학자 리처드 윌킨슨Richard Wilkinson과 케이트 피켓Kate Pickett은 더 나은 사회에 도달하려고 "혁명까지 할 필요는 없다"라고 썼다. 두 사람은 물질적 불평등이 유난히 심한 사회에서 무슨 일이 일어나는지를 자세히 관찰했다. 그들은 불평등이 심한 사회를 그리 심하지 않은 사회와 비교했다. 두 사회 간의 차이는 두드러졌다. 즉 문맹율, 청소년 범죄율, 알코올 중독률, 십대 임신율 그리고 교도소에 수감된 국민의 비율이 불평등이 심한 사회에서 훨씬 높았다. 이런 사회에서는 평균수명도 훨씬 짧고 이른 나이에 심장 순환기 계통 질환으로 사망할 가능성도 더 높았다. 추상적 요소 간의 비교에서는 더욱 차이가 두드러졌다. 즉 불평등한 사회에 사는 사람들은 자신이 행복하다고 말하는 경우가 드물고 이웃이나 동료를 믿지 않는다고 말했다. 모든 계층이 마찬가지였다. 불평등한 사회의 빈곤층은 평등한 사회에 사는 '동료'보다 훨씬 불행해 했고, 부유층 또한 평등한 사회에 사는 동료보다 훨씬 불행해 했다. 불평등은 심지어 승리자에게도 불편한 것이었다.

사회적 소외, 경제적 궁핍, 악화된 사회관계, 문화적 계층 하락, 존중의 상실은 불평등이 심한 사회에 만연하고 있다. 경쟁이 첨예한 사회에서 하위 계층에 놓이면 굴욕감을 느끼게 마련이다. 삶의 악화와 박탈감은 정신을 병들게 하고, 다른 조건 아래였다면 좋은 삶을 영위하고 자신의 생산성을 발휘할 수 있는 사람들을 급격하게 침몰시키곤 한다. 하위 계층에 있으면 날마다 괴롭힘을 당하고, 끊이지 않은 모욕의 목표가 되며, 패배자라는 낙인이 찍힌다. 이는 더 이상 주체적인 인간이 아니라 사회복지사의 관리를 받는 대상이 되고 만다는 뜻이기도 하다. 많은 사람들이 날마다 멸시와 굴욕에 방치되는 사회는 부패한다.

윌킨슨과 피켓은 불평등한 사회를 혁명으로 이룩할 유토피아 국가와 비교한 것이 아니다. 오히려 현실에 존재하는 불평등 사회를 실제로 존재하는 평등 사회와 비교했다. 점진적인 개혁이 엄청난 효과를 일으킬 수 있다는 점을 명확히 했다고 할 수 있다.

오늘날 이것을 반박하는 좌파는 거의 없다. 그러나 적지 않은 좌파가 심한 좌절에 빠진다. 현실은 점진적인 작은 진보조차 기대하기 힘들거나, 오히려 그 반대 방향으로 나아가는 것처럼 느껴지기 때문이다. 그러므로 요즘 좌파와 이야기를 하다 보면 쉽게 좌절에 빠진 것을 발견할 수 있다. 그들은 진한 회색 우울증에 둘러싸여 모든 것이 훨씬 나빠지고 있다는 생각을 끊임없이 드러낸다. 그런데 고약한 것은 그들의 견해가 결코 틀리지 않았다는 사실이다. 좋다. 그들이 옳다고 해도 모든 면에서 들어맞는 것은 아니다. 좌파들의 비관적 평가에도 불구하고 지난 30년 동안 민주주의 또는 사회적 진보로 평가할 만한 진전이 분명히 있었다. 예를 들어 오늘날 서구 사회에 차별과 인종주의가 존재하지만 많은 사람들이 인종 집단의 다양성을 생활양식의 다양성과 똑같이 받아들인다. 그러니 차라리 이렇게 말하는 것이 타당하다. 여러 영역에서는 앞서가고 있지만 일부 다른 영역에서는 뒤로 가고 있다고!

또한 상당수가 사회적·민주주의적 개혁을 원하지만 온힘을 다할 수 있는 정치권력이 더 이상 존재하지 않는다는 사실이 고통스럽다고 말한다. 좌파가 아닌 사람들은 오늘날 이런 말을 듣곤 한다. "더 이상 진짜 사회주의자는 존재하지 않는다. 어쩔 수 없다." 정말 웃기는 말이다. 과거에 사회주의가 무서워 사회민주주의자를 두려워하던 사람들이 지금에 와서는 사회민주주의자들이 더 이상 사회주의를 위해 투쟁하는 믿음직한 전사가 아니라고 비난하는 것이다. 일견 타당한 말이기는 하지만, 참으로 아이러니가 아닐 수 없다.

'개혁이냐 혁명이냐'를 둘러싼 논쟁이 좌파 내부에서는 이미 정리된 사안이다. 그렇다 해도 이것이 오늘날 서로 머리채를 붙잡고 싸우는 급진 좌파와 온건 좌파가 전혀 존재하지 않는다는 뜻은 당연히 아니다. 그들은 여전히 존재하며 상호 긴장 상태에 있다. 온건파와 개혁파는 급진파의 자기들끼리만 통하는 말과 거드름 피우는 태도에 분노한다. 이런 급진파의 말과 태도가 좌파에 대한 평판과 신뢰를 떨어뜨린다고 보기 때문이다. 반면 급진파는 온건파를 무기력한 겁쟁이, 훨씬 나쁘게는 지배 권력과 화해한 배신자로 여긴다.

미국 출신의 베스트셀러 작가이자 마르크스주의자인 벤자민 쿤켈Benjamin Kunkel의 말처럼 이는 무의미한 짓이다. 급진파와 온건파는 결국 같은 것을 원하기 때문이다. "급진적인 미치광이라고 무시당하는 사람이 두어 명만 있으면 민중이 원하는 방향으로 움직이는 데 큰 도움이 된다." 쿤켈은 다음과 같이 덧붙인다. "20년 전만 해도 흑인이 미국 대통령으로 당선되고 동성애자가 결혼이 가능하리라고 예측하는 것은 정말 미친 짓으로 취급당했다." 개혁파와 급진파는 서로 상대방을 활용한다. "결국 수많은 노동자와 대학생이 나란히 급진주의를 추구했던 시기가 그 다음에 이어진 급진주의자와 개혁주의자가 동시에 의욕을 잃었던 신자유주의 시대보다는 복지국가로서의 절정기였다." 이를 다른 표현으로 말할 수도 있다. 개혁주의자에게 좋은 것이라면 급진주의자에게도 좋다고. 그리고 우파와 신자유주의자가 우위를 점하면 개혁주의자든 급진주의자든 모두 수세에 몰리게 된다고.

3장

그람시 씨가 기꺼이 헤게모니를 장악했다면……

지배자는 어떻게 지배하며,

억압받는 자의 뇌와 심장은 어떻게 투쟁에 이를까?

"거리는 온통 눈으로 덮여 있고 풍경은 오로지 하얀 언덕들로만 이루어져 있다. …… 빈은 모스크바보다 훨씬 삭막하고 우울하다. 여기서는 경쾌한 방울 소리를 내며 하얀 거리를 달리는 썰매는 전혀 볼 수 없고 오직 전차만 덜커덩 소리를 내며 시가를 지나간다. 삶은 황량하고 단조롭게 발걸음을 옮긴다."

이탈리아 출신 공산주의자 안토니오 그람시는 1920년대에 오스트리아 빈에서 6개월 동안 살았다. 그때 행복과는 거리가 멀었던 것이 분명했다. "나는 아주 고립되어 있다오." 그는 모스크바에 있던 반려자 줄리아 슈히트Julia Schucht에게 쓴 편지에서 이렇게 털어 놓았다. 그람시는 또 다른 편지에서도 비슷한 내용을 썼다. "나는 언제나 집에 머물러 있소. …… 혼자서 읽고 쓰고 있다오. 종종 추위에 떨 때도 있소. 그래서 밤에는 쉽게 잠들지 못하지." 그람시가 당시 몇 달 동안 '붉은 빈der Roten Wien'에, 그러니까 야심만만한 개혁 성향의 사회민주주의 정치가들이 수많은 업적을 이룩한 도시에 머물렀다는 사실은 매우 역설적이다. 당시 그람시는 사회민주주의자들의 정책에 별로 관심을 기울이지 않았던 게 분명하다. 공산주의자였던 그람시는 무솔리니가 파시스트 정권을 세운 이탈리아의 정치 상황에 최우선으로 몰두했기 때문이다. 그 결과 그는 권력의 헤게모니를 장악하는데 있어서 가장 중요한 이론적 고찰을 제시했다. 더욱이 그람시는 독일어를 거의 한 마디도 못했다. 같은 시기에 오스트리아의 사회민주주의 정치가들은 개혁을 통한 사회변혁을 위해서 국민 대다수의 지지를 확보하는 데 전력투구하고 있었다. 물론 그들이 서로 메모를 주고받지는 않았을 것이다. 하지만 오늘날 그들의 정책과 이론에 대한 체계적 관찰을 통해 그들이 같은 전략적 방향성 위에 서 있었다는 것을 알 수 있다.

오늘날 좌파 정당과 중도좌파 정당에게(다른 모든 정당의 입장도 그러한 것처럼) 자기네 정당이 선거일에 유권자를 최대한 많이 끌어 모을 수 있느냐 없느냐는 단순하지만 중대한 질문이 아닐 수 없다. 그런데 좌파 정당은 만족할 만한 표를 얻어도 막상 정권에 참여하기 위해서 자신이 무엇을 해야 하는지 잘 모르는 경우가 있다. 그래서 사람들 대부분은 좌파를 실제로 하는 일이 없는 집단으로(때로는 의식적으로, 때로는 직감적으로), 일보다는 사상투쟁을 훨씬 중요하게 생각하는 집단으로 여긴다. 그렇다고 좌파 정당에게 표를 주지 않는 게 현명할까? 그렇지 않다. 실제 현실에서는 민주주의 개혁에 대한 실질적 지원이 훨씬 중요하기 때문이다. 단순하게 말해 인종차별주의자가 선거에서 좌파 정당에 투표하는 것이 파시스트 정당에 투표하는 것보다 다소 나을지도 모른다. 하지만 그보다는 그가 인종주의자가 아닌 것이 훨씬 낫다. 여기서 '사상은 어떻게 인간의 머리에 들어오며 인간은 어떻게 좌파로 변화하는가'라는 질문이 나온다.

이 질문은 예전부터 항상 제기돼 왔다. 하지만 혁명 좌파보다 개혁 성향 좌파에게 훨씬 중요하게 다가온다. 19세기에 활동한 혁명가들의 세계관은 어딘가 기계적이었다. 그들이 보기에 세계사는 필연적으로 최후의 결전으로 향해 갈 수밖에 없었다. 즉 수적으로 거대해진 프롤레타리아와 부르주아가 서로 대결하게 되고, 프롤레타리아는 거의 자동적으로 노동당의 주력부대가 되며, 어쩌면 존재할지도 모를 중위 계급은 결국 승리자의 편에 서서 싸우게 된다. 마르크스주의의 변종이라 할 수 있는 후기 볼셰비즘이 이에 해당한다. 결연한 혁명당은 다수를 자기편으로 끌어들일 필요를 절대 못 느끼며, 혁명을 이루는 데는 열렬한 소수만 있으면 충분하다. 이것을 그들은 혁명이라고 하는데 사실 반란이나 쿠데타를 호의적인 표현으로 바꾼 것에 불과하다.

개혁 성향의 사회주의자의 경우 당연히 이와는 완전히 다른 입장을 보인다. 그들은 오로지 국민 대다수가 승리하기를 바란다. 그들은 선거를 통해 통치 권력의 향방을 좌우하는 막강한 영향력을 얻고 싶기 때문이다. 안토니오 그람시 같은 영리한 혁명가도 비슷한 방식으로 문제를 제기한다. 그람시는 반란이나 쿠데타 전략을 두 가지 이유 때문에 무의미하다고 여겼다. 첫 번째로 그는 소수당이 일으키는 반란의 실효성을 의심했다. 배후에 있는 너무나 많은 적을 제압해야 하기 때문이다. 이런 반란은 안정적인 국가조직체를 이루는 선진국에서는 전혀 실행 가능하지 않다. 권력자, 파시스트, 군인처럼 명백히 반동적인 권력은 언제나 소규모 혁명당을 간단히 압도한다. 이렇게 그람시 같은 공산주의자는 20세기 개혁 성향의 사회주의자와 비슷한 방향의 고찰을 했다.

그람시가 발전시킨 핵심 개념 중 하나가 바로 '헤게모니(주도권으로도 해석한다 — 옮긴이)'다. 어느 세력의 세계관이 한 사회에서 지배적 세계관으로 자리 잡을 것인가? 좌파인가, 아니면 우파인가? 세계관에서 다수를 차지하는 집단은 과연 헤게모니를 획득할 수 있을까? 아울러 그람시가 정치 이론에 도입한 또 하나의 유명한 개념이 바로 '시민사회'다. 현대 사회는 국가조직체, 의회, 정당, 기타 수많은 정치 기관의 중요성뿐만 아니라, 선先정치적·비정치적 기관의 중요성에도 주목해야 한다. 여기에는 노동조합, 협회, 교회, 이웃, 지식인 네트워크, 언론 매체, 전통, 가족 들이 포함된다. 이 시민사회에 뿌리를 박은 사람이 권력을 가진다면 그의 세계관이 수많은 사람들에게 공유될 것이다. 헤게모니와 시민사회는 오늘날 좌파가 즐겨 쓰는 말이다. 심지어 그람시에 대해 들은 적이 전혀 없는 사람들도 잘 아는 용어다.

오늘날 그람시는 "1927년 이후 서구 사회에 등장한 가장 독창적인 사상가 중 한 사람"(위대한 역사학자 에릭 홉스봄의 평가다)이다. 우리는 그람시가 어떤 끔찍한 상황에서 자신의 정치 이론을 발전시켰는지 간과해서는 안 된다. 그람시는 빈에서의 짧은 체류를 끝내고 이탈리아로 귀국했다. 이탈리아 의회가 공산당 하원의원 명단에 그의 이름을 올렸기 때문이다. 비록 무솔리니가 권력을 강탈했지만 아직 민주주의 공화국 기관 상당수는 손상을 입지 않은 때였다. 몇 달 동안 그람시 의원은 파시스트 총통 무솔리니의 핵심적인 적수였을 것이다. 1926년이 되면서 모든 야당이 박살났고 결국 그람시는 감옥에 갇혔다. 늘 병약했던 좌파 지식인 그람시의 건강은 감옥에 갇힌 뒤 급속도로 나빠졌다. 그는 자신의 사상을 전설적인 《옥중수고》에 기록했다. 《옥중수고》는 수천 쪽(독일 번역본 기준이다)으로 인쇄돼 10권을 꽉 채웠다. 그람시는 감옥에 갇혔을 때 이 엄청난 작업을 시작했고 엄청난 지적 유산을 후세에 남겼다. 그람시는 감옥에서 나온 지 얼마 되지 않아 세상을 떠났다.

《옥중수고》는 가장 순수한 형태의 보고寶庫다. 그람시는 비판 사상과 문화, 정치, 사상의 새로운 경지를 열었다. 나아가 그가 살던 시대 마르크스주의자들의 경제학적·결정론적 오류를 지적으로 논파했다. 그람시는 "존재가 의식을 규정한다"라는 마르크스의 말을 기계적으로 해석함으로써 상부구조를 단순히 경제적 토대의 모사로 취급한다고 비판했다. 그 결과 마르크스주의는 "지식인 사이에 끼치던 문화적 영향력의 대부분"을 잃어버렸으며 제한된 숫자의 지식인만 끌어오게 됐다. 하부구조만 장악하면 "굳이 힘들이지 않고 저렴하게 역사와 정치적 교훈을 모조리 확보할 수 있다고 믿는" 지식인만 말이다. 그는 이런 상투적인 문구를 완전히 치워버렸다.

홉스봄은 이렇게 말한다. 그람시는 "정치가 단순히 권력과 결합된 것 이상이라는 점을 잘 알고 있었다. …… 그는 사회가 경제 지배 및 정치권력 구조 이상이라서 비록 계급투쟁으로 분열되기는 하지만, 결국 특정한 결합력을 발휘한다는 점을 절대 잊지 않았다." 달리 말하면 사회는 제도, 전통, 관습으로 규정되기 때문에 강압적인 국가 조직보다 다른 분야에서 훨씬 커다란 영향력을 끼친다는 뜻이다. 그람시는 이렇게 주장했다. "국가 통치 조직 이외에도 사적 헤게모니 조직이나 시민사회를 이해해야 한다." 이는 《옥중수고》에 나오는 유명한 공식이 된다. "국가=정치사회+시민사회, 이는 강압으로 무장한 헤게모니를 의미한다." 그람시는 통치 권력이 "강압과 동의의 결합"을 바탕으로 세워진다는 점을 명확히 밝혔다. 요약하면 이렇다. 현대 사회에서는 소규모 지배 집단이 국민 대다수를 강제로 억압하지 못한다. 오히려 지배 질서를 통해 국민 다수가 지배 집단을 믿도록 해 안정성을 확보한다. 그러므로 지배 질서를 새롭게 바꾸고 싶다면 이러한 기존의 믿음을 깨야 한다. 이는 새로운 지배 질서를 발전시켜야 한다는 뜻이다. 정치투쟁은 사상에 대한 헤게모니, 세상에 대한 자발적인 이해를 차지하기 위한 투쟁이다.

그람시는 종교와 철학의 권력도 분명하게 다뤘다. 특히 철학을 국민의 공통감각으로 보아 "철학의 민속학"이라고 불렀다("모든 철학 사조는 공통감각으로 이루어진 퇴적물을 남긴다. 이는 철학이 역사적인 사명을 수행했음을 알리는 증명서다"). 그람시가 보기에 이데올로기는 중

명서도 아니고 억압하는 자의 억압 수단도 아니다. 이데올로기는 "객관적으로 영향을 끼치는 실재성"을 지니고 있다. 이데올로기의 퇴적물은 아무리 단순하더라도 즉각적이고 지속적인 효과를 드러낸다("법칙은 법칙이다", "누구나 자신의 행복을 개척해나간다"). 사회적으로 소외된 계급 역시 이러한 이야기를 믿는다는 것은 단순히 지배층의 속임수에 의한 결과가 아님을 말해준다. 다시 말하면, 변화는 "잘못된 의식"에 대한 순수한 "규명"을 통해 일어나는 것이 아니다. 가령 격언이나 속담 같은 공통감각의 일상적인 퇴적물로부터 피지배계급은 지배계급의 세계관을 자연스레 받아들이기도 한다. 반대로 전복을 꿈꾸는 사람들이 만들어 놓은 비꼬거나 비판적인 형태의 퇴적물도 존재한다.

그람시는 사람들의 즉흥적인 세계관에 흥미를 느끼고 평생 주목했다. 아울러 일상에서 일어나는 의식이나 철학 개념도 자세히 관찰했다. 그람시는 자연과학이라는 수준 높아 보이는 분야에서 제식祭式의 요소를 감지했다. 또한 헤겔의 저작은 물론이고 《삼총사》 같은 대중문학에 어떤 세계상이 응축되어 있어 널리 퍼지는지도 탐구했다. 이데올로기적 헤게모니는 부수고 돌파할 필요가 있다. 이데올로기적 헤게모니가 한층 더 강력해질수록 그만큼 헤게모니는 전통, 공통감각, 습관에 깃들게 된다. 이를 '헤게모니 전략'이라고 한다. 그람시에 따르면 이 헤게모니 전략은 "복합적으로 이루어지는 이데올로기 작업이다. 이 작업의 첫 번째 전제 조건은 해당 분야에 대해 정확히 아는 것이다." 그래서 그는 '자발적 동의의 철학'이라는 개념에 주목한다. 바로 이데올로기의 퇴적물에 영향을 받은 대중이 자발적으로 지배계급의 이해와 요구에 동의하게 되는 과정이다. 그는 이데올로기란 "모든 철학적 견해의 대중적인 측면"이기 때문에 이데올로기 투쟁에서 차지하는 지식인의 역할에 주목한다. 그람시는 '유기적 지식인'이라는 개념을 도입한다. 지식인은 "어느 한 계급의 유기적 지식인"(지배계급 아니면 하위 계급)이라는 것이다.

사회란 무엇인가? 사회는 어떤 합의를 결집시키고 어떻게 기존 질서를 유지할까? 이러한 합의는 어떻게 체계화될까? 이 분야에서 전통, 지식인, 사상은 어떤 의미를 띨까? 지배계급의 세계관, 즉 사회를 지배하는 특정한 표상은 어떻게 우위를 차지할까? 그람시는 이에 대해 소설 작품은 물론 현대화, 미국화, 종교, 속담과 격언 들을 참조해 하나하나 철저히 파헤친다. 신문에 실린 작은 기사도 그람시에게는 연구의 원천이 되었다. 만약 그람시가 살아있다면 현 독일 여성 총리 앙겔라 메르켈이 '자기가 번 것만 지출하는 슈바벤 출신의 근검절약하는 주부'라는 표상으로 긴축 정책을 사람들 머릿속에 심는다고 분석했을지도 모른다. 또한 재무장관이 "누구나 자기 집 앞을 쓸면 시 전체가 깨끗하게 된다"라는 괴테의 말을 인용해 유럽의 재국유화를 그럴싸하게 포장한다고 말하지도 모른다.

감옥에 갇힌 이 작고 예민한 남자는 고립된 상황에서 20세기 최고의 숨 막히는 정치철학 대작을 남겼다. 이론의 여지가 없는 엄청난 사건이다. 만약 무솔리니가 그람시를 감옥에 보내지 않았다면 그람시가 이런 대단한 저작을 집필하는 일은 결코 없었을 것이다. 또한 그람시가 펼친 철학 이론이 그가 살던 시대를 엄청나게 앞섰다는 점은 여전히 주목할 만하다. 예를 들면 이런 것이다. "인류는 여전히 아리스토텔레스적이다. 어느 누구도 앎이란 '행위' 대신 '보는 것'이라는 말을, 진실은 우리 외부에 있다는 말을 맹목적으로 믿고 이를 의심하지 않는다. 그리고 여기에 반대하려면 미친 사람 취급을 받는 위험을 기꺼이 감수해야 한다." 지식은 앎이라기보다는 실행이라는 것, 여러 다른 이야기가 각각 다른 지식을 생산해낸다는 것. 훗날 포스트모더니즘의 주요 개념이 된 이 모든 것은 이미 그람시가 떠올린 것들이었다. 장 프랑수아 리오타르Jean-François Lyotard가 일반화한 '포스트모던적 지식'은 그람시가 죽은 뒤 50여 년이 지나서야 유행했다. 그것은 멀리서 아른아른 들려오는 그람시의 메아리와도 같은 것이다. 그람시의 전기 작가인 주세페 피오리Giuseppe Fiori는 다음과 같이 간결하고 정확하게 썼다. "그람시는 캡슐처럼 폐쇄·고립된 종파주의를 몹시 싫어했다." 진보를 위해 투쟁하려면 현실과 관계를 맺어야 하며 사람들의 선입견과 과감히 관계를 맺어야 한다는 것이다. 현대 사회에서 폭동·반란의 기치를 내세우는 작은 공산주의 정당을 창설한다면 사회주의는 어떠한 결과에도 도달하지 못한다. 그람시는 이를 진짜로 확신했다.

그람시는 엄청난 판단력을 지녔으며 문학적·철학적·시적 시선으로 세상을 바라보았다. 더욱이 '나라는 자아'가 감옥에서 분열되기 시작하면서 자신을 향해서도 시선을 던졌다. 그는 타냐 슈히트Tanja Schucht에게 쓴 편지에서 자신의 상태가 난파선에서 간신히 목숨을 부지하며 살기 위해 무엇이든 먹어야 하는 식인종이 된 것 같다고 털어놓았다. 도덕적인 관찰자나 훗날 법정에서 만날 판사라면 이 사람들이 어떻게 식인종이 될 수 있었는지 명백하게 밝혀내야 할 것이라고 썼다. "하지만 이 사람들이 정말로 예전과 동일한 인물일까?"라고 의문을 제기했다. 일반적인 상황을 뛰어넘는 지점에 과연 '나라는 자아'는 존재할까? 정상적인 인간이라면 다른 사람을 잡아먹는 것을 결코 상상하지 못한다. 난파선에서 목숨을 겨우 건진 사람 역시 처음 몇 시간 동안은 아주 멀쩡하다. 그런데 "두 개의 시점 사이에서 …… '분자 단위의' 변형 과정이 일어난다." 즉 "동일한 사람에게 중요한 문제"란 아마도 순수한 관습에 불과할지도 모른다고 할 수 있다. 분명 그람시는 이와 같은 난파 상황에서 스스로를 재인식했다. 이가 여러 개 빠졌고, 폐결핵이 진행됐고, 결핵성 척추염에 시달렸다. 그의 척추는 점차 허물어졌고 등 전체에 농양이 생겼다. 그람시는 자신이 서서히 죽어가는 과정에 있다고 생각했다. 하지만 이런 상황 때문에 문학적·철학적으로 자신을 해부하는 논평을 멈추는 일은 없었다. 그람시는 감옥에서 몰락의 길을 걸었다. 그럼에도 "무언가를 영원히 하려는" 계획을 실현하는 데 성공했다. 오늘날 좌파가 어떻게 하면 세상을 조금이라도 개선할 수 있는지 숙고하는 곳이라면 어디에나 그람시가 최초로 몰두했던 성찰의 메아리가 들려오니까 말이다!

좌파는 본능적으로 연대와 연합에 주목한다

오늘날 상당히 많은 좌파가 소수 국민이 좌파의 목소리에 동의하고 좌파가 단결해 하나의 목적을 추구하는 데 성공할 때에만 사회적·민주적 진보가 가능하다고 생각한다. 그람시라면 '역사적 블록'을 만드는 데 성공했다고 말했을 것이다. 그러나 오늘날의 좌파는 사실 그럴 능력이 전혀 없다. 좌파는 하나의 목소리를 내지 않거니와 같은 목적을 추구하지도 않는다.

좌파 녹색당에 소속된 어느 여성 의원은 언젠가 커피를 마시며 내게 말한 적이 있다. "저는 절대로 사람들 다수의 동의에 도달하고 싶지 않아요." 그녀에게 국민 다수는 어차피 시스템에 완전히 통합되어 있고, 어느 정도 인종차별주의적이며, 백 미터에 걸쳐 펼쳐진 혼합림처럼 흐리멍덩한 존재들이다. 한 마디로 국민은 좌파 의식을 형성할 기회를 영영 잃게 된 것이다. 그 의원처럼 생각하는 사람들은 오로지 반동적인 다수가 가진 표상에 대해 방어하는 수호 투쟁을 통해서만 민주주의적 자유를 쟁취할 수 있으며, 그러는 동안 소수가 세운 자유 구역은 급진적인 정치를 통해 확대된다고 믿는다. 그러나 이는 우리 사회의 다수와는 매우 동떨어진 신념이다. 그런 급진적인 정치는 주로 지금까지 자신의 목소리를 내도 아무도 듣지 않던 소수 — 예를 들면 이민자나 하찮은 취급을 받는 청소년 — 가 지향하는 것이다. 그람시적인 성향과 소수 급진파의 성향은 그 자체로만 보면 정반대다.

하지만 모자이크 좌파라는 자치 구역에서 나온 수많은 사람들은 본능적으로 연대와 연합에 주목한다. 왜냐하면 소수는 언제나(여기서 그람시의 이론을 유의하라) 시민사회라는 보다 넓은 영역에서 자신의 영향력을 키우려 하기 때문이다. 그리고 이런 희망은 당연히 아슬아슬한 산마루 타기를 겪어야 한다. 즉 내가 얼마나 폭넓게 소수 정치를 지향하는가? 이를 통해 대다수 보통사람들이 나를 멀리할 위험을 얼마나 감수해야 하는가? 내가 소수 정치라는 편안한 틈새 지역에 눌러앉았기 때문에 감수해야 할 고립의 위험은 어느 정도인가? 오늘날 노동조합, 반인종차별주의 비정부기구, 대규모나 소규모 정당 소속 사람들, 반파시스트 발의에 몰두하는 사람들도 날마다 이 모든 질문과 씨름하고 있다. 마찬가지로 이러한 광경에 동조하지만 관망하는 자세로 서 있거나 마음속으로는 어떤 식으로든 함께하고픈 사람들도 전부 이 문제와 씨름하고 있다. 물론 카페 테이블에 앉아 내게 유익한 충고를 아끼지 않은 녹색당 의원도 마찬가지다.

4장

누가 비판적 비판을 하는가?

아도르노 씨는 항상 기분이 나빴다.
계몽과 진보를 둘러싼 갑론을박.

마르크스는 자신이 쓴 논쟁적 대작에 《비판적 비판에 대한 비판》이라는 제목을 붙였다. 이 제목에서 한 줌의 아이러니를 느낄 수 있다. '비판'이라는 개념은 마르크스가 활동하던 시대 이전에도 고공비행 중이었다. 마르크스의 청소년 시절에도 쓰던 표어였다. 당시에는 누가 가장 날카로운 비판가인가 경쟁하곤 했다. 당시의 비판은 — 오늘날에도 유효하다 — 일반적으로 통용되는 반대하기, 흠잡기를 일컬을 뿐만 아니라 객관적인 방식의 해부, 개념에 대한 분석, 전제 근거와 비난에 대한 분석, 숙고와 이해를 객관적으로 분석하는 것을 뜻했다.

공통감각으로 좌파에 대한 비판을 단순화하면 다음과 같을 것이다. 좌파는 오로지 비판만 한다. 그래, 너희 좌파는 비판은 참으로 잘하지만 실제로 어떻게 개선시킬지 알고는 있나? 너희는 항상 반대만 하지! 긍정적인 의견은 도대체 어디 있는 거야? 오늘날 상당수 좌파는 비판을 둘러싸고 계속해서 들려오는 선입견, 즉 '쉽게 분노한다'에 대해 불만과 의구심을 은밀히 품고 있다. 그럼에도 세상으로부터 공통적으로 비판할 내용을 만들어 내는 일은 어렵지만 꼭 필요하다.

'비판'은 18세기 (시민의) 계몽에 뿌리를 박고 있다. 철학자 임마누엘 칸트Immanuel Kant는 자신의 이론을 집대성한 대작에 비판이라는 이름을 붙였다. 바로 《판단력 비판》, 《순수 이성 비판》, 《실천 이성 비판》이다. 칸트는 계몽과 비판을 거의 같은 뜻으로 썼다. 그는 전설적인 에세이 〈계몽이란 무엇인가?〉에서 순식간에 전 세계적으로 유명해진 문장을 썼다. "계몽이란 인간이 스스로 지고 있는 미성숙에서 빠져 나가는 출구다. 여기서 미성숙이란 타인의 지도 없이는 자신의 오성을 활용하지 못하는 무능력을 뜻한다. 이렇게 활용하지 못하는 이유가 오성의 결핍 때문이 아니라 스스로 타인의 지도 없이 오성을 활용할 결심과 용기가 결핍되었기 때문이라면, 이러한 미성숙은 스스로 책임져야 한다. 과감히 스스로 생각하라! 너만의 고유한 오성을 활용할 용기를 내라! 그러므로 이것이 바로 계몽의 좌우명이다."

비판Kritik은 위기Krise와 어원이 같다. 위기Kisis는 고대 그리스에서 전환점이라는 뜻으로 썼다. 의학에서 위기Krise는 회복되기 직전에 병세가 마지막으로 격심해지는 순간을 뜻한다(환자가 운이 나빠 사망하지 않는 한). 비판은 가식 없이 명료하게 이의를 드러낸다. 비판으로 인해 세상은 숨김없고 꾸밈없는 상태에 놓이게 되며 인간은 더 나은 세상을 설계할 수 있다. 이는 비판이 기본적으로 낙관주의적인 느낌과 엮여 있으며 긍정적인 효과를 발휘한다는 것을 가리킨다. 그래서 모든 것을 비판하는 행위는 때때로 겉으로는 우울한 소리임에도 불구하고 사실 우울과는 전혀 상관이 없다. 비판은 오히려 역사적으로 계몽이라는 낙관적인 세계상과 직접 연관되어 있다.

계몽의 세계관은 사회가 진보한다는 긍정적 세계관에 다름 아니다. 이를 도식적으로 설명하면 이렇다. 여기 계몽되지 않은 과거(또는 현재)가 있다. 그런데 계몽적인 비판이 등장한다. 그리고 이러한 비판을 바탕으로 더 나은 미래가 뒤따른다. 계몽뿐만이 아니라 마르크스주의와 다른 변종 좌파 이론도 수십 년이나 되는 기간 동안 미래에 대한 낙관주의에 사로잡혔다. 그 영향은 슬로건과 노랫말에도 나타난다. "우리 후손은 더 나은 투쟁을 해야 한다"라거나 "우리와 함께 새로운 시대가 도래한다"부터 1980년대 새로운 독일 물결에 이르기까지! 특히 새로운 독일 물결 시기에는 눈을 깜빡이며 다음과 같은 선전문을 작성했다. "역사는 숨 돌릴 틈도 없이 이루어진다. 앞으로 나가자!" '역사'와 '앞으로'는 아주 당연하다는 듯 오로지 한쪽 방향만 가리키는 공통 시간 축(타임라인)에 놓여 있었다.

1960년대 당시 '비판이론'이라 불리는 학파의 탁월한 대표 주자였던 테오도르 W. 아도르노Theodor W. Adorno도 이러한 성향과 완전히 일치했다. 그는 "일단 잘못된 것을 확고하게 알고 명확하게 규정하면 올바른 것, 더 나은 것을 모아 놓은 색인 목록이 된다"라고 주장했다. 비판의 부정성에는 늘 긍정성이 들어있다는 것이다. 비판할 만한 가치가 있는 것을 비판하고 나면 올바른 오솔길이 함축적이지만 명백하게 펼쳐진다는 것이다. 아도르노와 그의 동료들은 동시대 좌파에게 다수의 이론적 고찰과 크고 두꺼운 저작을 공급했다. 이 저작들이 없었다면 오늘날 주요 이론을 온전히 이해하지 못할 것이다. 특히 비판이론을 계속 명시적으로 구분하는 학파(훗날 포스트구조주의, 포스트모더니즘 또는 체계이론이라는 이름으로 통합되는)는 이 저작들 없이는 생각조차 할 수 없다. 그들은 아도르노와 그의 동료들의 저작에 몰두하면서 사상 체계를 보다 정확하게 정립했다.

필리프 페슈Philipp Fesch가 "이론의 기나긴 여름"이라고 이름 붙였던 1960년대 초에 시작된 비판이론은 무엇보다 강독에 열심이던 좌파 지식인 및 대학생에게 결정타를 안겼다. 비판이론의 주요 학자들이 프랑크푸르트 대학교 사회연구소에 한데 모여 있었던 까닭에 이 이론 집단의 핵심 또는 주변에서 활동하던 인물들을 '프랑크푸르트학파'라고 부른다. 프랑크푸르트학파로 분류되는 사람들 중에서 아도르노 외에 걸출한 인물로는 막스 호르크하이머Max Horkheimer, 헤르베르트 마르쿠제 같은 저술가 겸 학자, 지크프리트 크라카우어 Siegfried Kracauer, 프리드리히 폴록Friedrich Pollock 같은 저널리스트가 꼽힌다. 그리고 비평가 겸 저술가인 발터 벤야민도 느슨하지만 여기에 속한다.

프랑크푸르트 대학교 사회연구소는 1920~1930년대에 비정통적인 마르크스주의 노선을 걸었다. 프랑크푸르트학파에 속한 사상가 대부분이 유대인이라서 나치가 권력을 획득하자마자 연구소가 폐쇄됐다. 연구원들 대부분이 미국으로 망명했다. 하지만 모두 그런 것은 아니었다. 발터 벤야민은 프랑스 국경을 넘어 스페인으로 향하다가 경찰에게 검거되었고 자살로 삶을 마쳤다.

1950년대에 아도르노와 호르크하이머는 프랑크푸르트에 연구소를 재건했다. 오래전에 나온 저작물 상당수는 잊힌 상태였다가 1960년대에 이르러 재조명되면서 새로운 비판 좌파 세대에게 영감을 주었다. 그들의 이론은 기존과는 다른 고유한 형태의 마르크스주의였다. 계몽이 진보를 낳는다는 전통적 신념을 굳게 믿어 온 사람들은 점차 회의가 싹트는 것을 느꼈다. 프랑크푸르트학파가 남긴 일련의 저작은 마치 편지를 담은 병처럼 시간 속에 가라앉아 있다가 갑자기 떠올랐다. 덕분에 좌파 사상, 좌파의 느낌은 새로운 방향으로 물꼬를 틀 수 있었다.

발터 벤야민의 저작을 예로 들어보자. 벤야민은 교양 수준은 엄청나지만 생활력은 없는 지식인이었다. 일찍부터 마약을 실험 삼아 복용했다. 한나 아렌트Hannah Arendt의 말처럼 "그는 엄청나게 기이한 마르크스주의자였다. …… 그런데 이 기이함에서 가난한 움직임이 보이지는 않았다." 프랑크푸르트학파의 대부분이 그랬던 것처럼 사상가 벤야민은 관심 분야의 한계를 거의 두지 않았다. 그는 19세기 파리에 대한 기념비적인 저작을 썼는가 하면, 시인 보들레르를 다룬 위대한 에세이를 몇 편 썼다. 벤야민은 베르톨트 브레히트와 친하게 지냈다. 벤야민은 브레히트의 연극과 시 몇 편을 논한 무척 영민한 텍스트를 헌정했고 브레히트를 논한 글을 썼다. 쉬지 않고 일하는 문학 비평가였던 그는 프루스트와 카프카에 대한 글도 썼다.

또한 벤야민은 사상의 새로운 경지를 열었다. 《기술 복제 시대의 예술작품》이 대표적이다. 벤야민의 에세이는 독창적인 생각으로 가득해 이후 몇 십 년 동안 등장한 모든 철학 사상을 든든히 지탱할 정도였다. 그러나 항상 의문의 여지가 없을 정도로 확실한 내용만 있는 것은 아니었다. 예를 들어 예술작품에서의 '아우라Aura의 상실'을 다루면서 벤야민은 예술작품이 기술적으로 복제되면서 아우라를 잃는다고 주장한다. 따라서 현존성을 상실한 복제된 영화나 사진은 아우라가 없다는 것이다. 그렇다면 과연 프랑스 영화감독 고다르가 만든 영화가 피카소가 그린 그림보다 아우라가 덜하다고 말할 수 있을까?

아우라는 벤야민의 논제이면서 아주 매혹적인 개념이다. 벤야민에게 아우라는 개념이지만 '기억' 또는 '세속적인 계시'이기도 하다. 아우라는 섬광처럼 강렬한 영감을 뜻한다. 이러한 영감을 통해 새로운 것이 갑자기 나타나거나, 이전 시대의 붕괴된 약속에 대한 비판인 '구출적 비판rettende Kritik'이 현재화된다. 벤야민의 작업물 중 상당수는 거의 몽타주로, 이 몽타주의 배치를 통해 그런 영감을 일으키고 있다. 그래서 벤야민은 이렇게 쓰기도 했다. "내 작업물에 등장하는 인용문은 마치 노상강도와도 같다. 인용문은 무장한 상태로 갑자기 떼로 나타나 게으름뱅이로부터 확신과 신념을 강탈한다." 벤야민의 저작에서는 카발라(중세 유대교의 신비주의 — 옮긴이)나 구세주(메시아)적인 목소리가 관통하곤 한다(신학과 공산주의가 뒤엉켜 있다). 심지어 과거에 대한 우울한 감상주의도 있다. 이를테면 벤야민은 근대에 이르러 체험이란 평가 절하되며, 이런 경향은 항상 가속화된다는 내용의 글을 쓰기도 했다. 그런데 이러한 감상주의는 언제나 벤야민 특유의 긴장 속에서 유지됐다. 이는 동시대성과 완벽한 균형을 이룬다고도 할 수 있다. 벤야민은 정신적으로 19세기에 뿌리를 박고 있었지만, 오늘날 많은 이가 인정하는 것처럼 절대적으로 동시대적이기도 했다. 이러한 긴장감이 벤야민의 텍스트를 아주 매혹적으로 만든다.

벤야민이 브레히트의 특징을 표현한 다음 문장은 동시에 벤야민 자신을 제대로 표현한 것이기도 하다. "그는 시대에 대해 절대 환상에 빠지지 않음에도 불구하고 숨김없이 신봉한다." 당시 우위를 점한 자본주의 정신과 마찬가지로 벤야민의 사상 또한 그 자체가 "가장 새로운, 가장 근대화된 감각"이었다. 그는 다음과 같이 특유의 표현을 이어간다. "오직 동의한 사람들만이 세상을 바꿀 기회를 얻는다." 이는 근대를 개선하려면 근대의 나쁜 점을 받아들여야지, 책망을 받는다고 해서 낭만적인 현실 도피나 과거 미화로 가서는 안 된다는 것이다.

하지만 벤야민과 비판이론의 이론가들이 이룬 가장 독특하고 강력한 업적은, 좌파가 미래지향적인 진보적 낙관주의의 상실을 개념적으로 포착하도록 한 것이다. 이들은 역사가 필연적으로 나쁜 상태에서 더 나은 상태로 이어진다는 생각, 자본주의의 가속화가 도착倒錯적 착취자를 만들어내지만 인간의 부를 증대시키기 때문에 좋다는 생각에 의문을 던졌다. 벤야민은 훗날 유명해진 자신의 역사철학 테제〈역사의 개념에 대하여〉에서 "진보를 상상하는 것에 대한 비판"이 반드시 필요하다고 강조했다. "마르크스는 '혁명이란 세계사의 기관차'라고 한다. 하지만 실상은 완전히 다를지도 모른다. 아마도 혁명이란 이 기관차를 타고 여행하는 인류가 비상 브레이크를 당기는 것일지도 모른다." 그리고 벤야민은 다른 저술에서 이렇게 확언한다. "오늘날의 경제를 화부火夫가 그냥 놔두면 정지해버리는 기계에 비유하는 것은 별로 적합하지 않다. 오히려 사육사가 등을 돌리자마자 난폭하게 달려드는 맹수와 같다고 보는 것이 타당하다."

벤야민은 역사에서 이행되지 못한 약속을 현재화하려 했다. "모든 시대는 다음 시대를 꿈꿀 뿐만 아니라, 꿈을 꾸면서 잠에서 깨어나려는 욕구를 보인다." 역사적 사건이 일어날 때마다 더 나은 세상에 대한 꿈이 모퉁이 어디에선가 웅크리고 있다. 비록 그 꿈은 이목을 끌지 못하지만 말이다. 역사란 당연히 존재하는 것이 아니라, 언제나 역사 서술의 산물이다. 벤야민은 진보, 계몽, 합리성, 자본주의 — 그가 보기에 이 요소들은 서로 용해될 수는 있지만 절대 일치하지는 않는다 — 가 탈선할 수 있다고 주창한다. 마르크스가 《공산당 선언》에서 밝은 장조로 찬미한 '맹렬한 생산력'에 대한 노래는 아마도 덜 쾌활한 단조로 바꿔 부르는 게 나을지도 모른다.

몇 년 뒤 아도르노는 이러한 생각을 이어받는다. 그는 "투석기投石機부터 메가톤급 핵폭탄에 이르는 진보"가 실제로 문명을 촉진했는지에 대해 의문을 제기한다. 어쨌든 새로운 진보 이론은 그 개념을 최종적으로 포기하지 않으면서도, "진보라는 신념에 이의를 제기하는 적절한 논거"를 기꺼이 받아들여야 한다. 기술 진보는 커다란 재앙을 만들어낼 수 있고(이러한 통찰은 훗날 생태학적 입장을 받아들인 좌파 이론의 피와 살이 됐다), 진보에 대한 일차원적인 회의와 불신은 이러한 재앙에 직면했을 때 결코 적절하지 않다. 아도르노는 이렇게 말한다. "타이타닉 호 침몰을 예로 들어보자. 타이타닉 호 침몰은 빙산으로 인해 기술 진보가 치명적인 타격을 입은 사건이다. 그렇기 때문에 이 사건의 기억을 두 손으로 지워 버리고 숨긴다면, 앞으로는 치명적이지 않은 사고가 일어나더라도 제대로 조치를 취하지 못할 것이다. 아울러 이후 50년 동안 일어날 항해 중 뜻하지 않게 맞는 재난을 예방하지도 못할 것이다."

진보와 계몽의 전통에 계속 집착하는 좌파는 세계사에서 일어난 대재앙들 때문에 진보와 계몽의 가치가 크게 흔들리게 됐다고 확신했다. 이는 나치의 권력 장악, 유럽에서의 파시즘 확산 그리고 반유대주의를 거쳐 홀로코스트에서 그 정점에 다다랐다. 이런 대재앙이 가능했다는 사실뿐만 아니라 진보의 지속에 대한 의심과 두려움 때문에 좌파의 미래에 대한 낙관주의가 크게 흔들렸다. 그 뿐만 아니라 계몽, 과학성, 합리성, 이성적인 사회 조직 등 진보와 어울린다고 여겼던 개념들이 잔인하고 광기에 가득 찬 나치즘에 무기력하게 복종하는 현실을 목도해야 했다. 나치 강제수용소를 합리적인 이성으로

운영할 수 있다는 경악할 만한 사실을 지켜봐야 했던 것이다. "진보는 갑자기 퇴보하고 계몽은 스스로 파멸한다." 아도르노와 호르크하이머가 미국 망명 시절에 쓴 20세기 가장 중요한 이론 텍스트로 꼽히는 《계몽의 변증법》에 담긴 말이다.

《계몽의 변증법》은 기이하게 속삭이는 텍스트다. 원래는 책이 아니라 여러 편의 에세이를 느슨하게 묶어 놓은 모음집이다. 이 책은 세 가지 대주제인 계몽, 반유대주의, 문화 산업으로 구성되어 있다. 계몽은 야만으로 돌변할 수 있다. 야만은 바이러스처럼 잠재하고 있다. "철두철미하게 계몽된 세상은 승리를 과시하는 재앙의 징조로 환하게 빛난다." 이성이 도구화될 가능성이 있다는 주장이다. 문화 산업을 다룬 장에서는 또 다른 방식으로 겉으로는 좋게 보이는 것이 재앙으로 돌변할 수 있다고 주장한다. 문화는 상품이 되고 기업은 대중의 취향을 널리 퍼뜨린다. 영화는 더 이상 광고와 별로 차이가 없게 되고 문화는 감각을 정제하는 효과를 발휘하는 대신 '오락(엔터테인먼트) 기업'으로 타락한다. 개성 대신 '사이비 개성'이 판을 친다. 새로운 종류의 아편이 대중을 현혹한다. 이 아편은 여가 시간에 대중 속으로 침투해 진정 작용을 한다. 재즈, 할리우드 들은 무시무시하게 대중을 도취시킨다. 이 지점에서 아도르노와 호르크하이머가 퍼붓는 험담은 문화 염세주의로 완전히 돌변한다. 이 문화 염세주의는 시민들이 피상화·미국화한 문화에 대해 자유로운 시각으로 콧방귀를 뀌는 것과 크게 다르지 않다. 반유대주의, 미국화, 문화 산업, 계몽은 본래 의미와 정반대로 바뀌었다. 이제 이것들은 기껏해야 후기자본주의에서 "불행과 연관된 요소"일 뿐이다.

《계몽의 변증법》은 불길한 경고를 담은 탁월한 책이다. 하지만 도가 지나쳐 본래 의도를 벗어났을지도 모른다. 당신이 앞으로 '나쁜 것은 전부 미국에서 왔다'라고 확신하는 좌파를 만난다면, 물론 천박한 할리우드 영화나 염소鹽素로 처리한 닭고기가 불쾌한 것은 사실이지만, 이는 《계몽의 변증법》에 담긴 비판을 되풀이하는 것이라는 점을 잊지 말아야 한다. 이렇게 프랑크푸르트학파의 주변에 감도는 결코 낙관적이지 않은 분위기에 대해 철학자 게오르크 루카치 Georg Lukács는 역설적으로 "심연深淵이라는 이름의 그랜드 호텔"이라고 일컬었다.

그럼에도 불구하고 프랑크푸르트학파는 어느 정도 균형을 유지했다. 즉 계몽에 대해 자아비판을 했지만 계몽 자체를 반대하지는 않았다. 염세주의적 문화 비평이 민족주의적 속삭임과 비이성으로 돌변한 곳에서 프랑크푸르트학파는 반대의 목소리를 유지했다. 이를테면 아도르노는 보수적인 철학자 마르틴 하이데거 Martin Heidegger에 맞서 커다란 논쟁을 벌였다. 아도르노는 《본래성의 은어》에서 하이데거의 과장되고 이해할 수 없는 언명을 낱낱이 비판했다.

프랑크푸르트학파가 후세에 남긴 명성은 세 가지다. 첫 번째, 프랑크푸르트학파가 주창한 계몽과 (시민) 주체라는 개념은 잃은 것보다 얻은 것이 더 많았다. 두 번째, 《권위주의적 성격》을 비롯해 프랑크푸르트학파가 한 전문 사회학적·경험론적 연구는 여전히 "마치 스스로 책임을 지는 미성년자와 같은 상태에서 출발하는" 새로운 지평을 열고 있다. 세 번째, 프랑크푸르트학파의 첫 세대가 보여준 계몽 친화적인 동일화는 이론 논쟁으로 이어지는 결과를 낳았다. 이 이론 논쟁은 아도르노의 후계자들이 이어받아 맹렬히 싸움을 벌였는데, 특히 철학자 위르겐 하버마스Jürgen Habermas와 그의 제자들이 벌인 논쟁이 첫 손가락으로 꼽힌다.

맹목적으로 진보를 추구해서는 안 된다

위르겐 하버마스는 오늘날 살아 있는 철학자 중 가장 유명하다. 그는 1950년대에 프랑크푸르트 사회연구소에 발을 들여놓았다. 특히 막스 호르크하이머 연구소장을 비롯해 연구소를 떠받치는 기둥들은 하버마스에게 조심스러운 태도를 보였다. 당시 아데나워 총리가 이끌던 독일은 무척 보수적인 분위기였다. 과거는 이미 지나가버린 것으로 묻어두려 했고 국가 정책 원칙으로 반공주의가 팽배했다. 호르크하이머도 이러한 분위기를 거스르려 하지 않았다. 이런 상황에서 하버마스는 아도르노의 조교가 됐다. 아도르노는 동료이자 제자인 하버마스를 적극 밀어주었다. 하지만 호르크하이머는 냉담했다. 호르크하이머는 젊은 좌파 하버마스가 "재능이 뛰어나기는 하지만 자만심으로 가득 차 있다"라고 질타했다. 더욱이 하버마스가 마르크스 이론을 견지하는 점도 아주 마음에 들지 않았다. 호르크하이머는 그를 "변증법적인 H씨"라고 조롱했고, 당시의 반공 분위기에 편승해 "하버마스는 동독을 후원하는 장사꾼"이라고 격렬하게 비난했다.

이런 비화에도 불구하고 하버마스는 돌연 신세대 비판이론가의 간판 주자로 등장했다. 하버마스는 《공론장의 구조 변동》— 이 저작으로 그는 대학교수 자격을 취득했다 — 및 대학생과 민주주의를 다룬 여러 논문을 통해 1960년대 급속도로 과격화된 좌파 학생운동권이 적극 참조하는 주요 인물이 됐다. 거친 시대였던 1960년대에 하버마스는 젊으면서도 노회했다. 실제로 그는 40대에 가까웠고 이미 모든 방면에서 존경받는 교수였다. 그러니까 루디 두취케Rudi Dutschke(1960년대 독일 학생운동의 대표 인물 – 옮긴이)처럼 사회 주변에서 반란을 도모하는 대학생들과는 다른 생활 세계에 있었다. 그럼에도 하버마스는 '급진적 민주화'의 대변인 역할을 하며 학생운동 편을 들 정도로 충분히 젊었다. 하지만 학생운동이 보다 급진적인 양상을 띠고 국가 공권력의 진압에 대해 학생들이 격하게 대응하자 하버마스는 두려움을 느꼈다. 1967년 대학생 베노 오네조르크Benno Ohnesorg가 시위 도중 경찰에게 총을 맞아 사망하자 하버마스는 며칠에 걸쳐 루디 두취케와 공개 논쟁을 격하게 벌였다. 두취케는 극단적 혁명을 적극적으로 지지했고 하버마스는 "주의주의主意主義 이데올로기"를 발전시키는 것이라며 질책했다. 훗날 하버마스는 "나는 이미 혁명운동이라는 차에 탑승했다"라고 회고했지만, 얼마 지나지 않아 논쟁을 벌였던 강의실로 돌아가 신좌파의 선동 전략을 "좌파 파시즘"이라고 일갈했다. 나중에 이 표현을 철회하기는 했지만, 하버마스를 신봉했던 이들의 분노를 잠재울 수는 없었다.

하버마스는 언제나 논란에 휘말리기를 마다하지 않았다. 이러한 자세는 오늘날까지도 여전하다. 그는 자신이 "논쟁을 일으키는 재능이 없지는 않다"라고 말한 적이 있다. 참으로 역설적인 발언이다. 저널리스트의 소질이 풍부하다는 점은 매번 그에게 도움이 됐다. 실제로 하버마스는 몇 년 동안 저널리스트 일을 완벽하게 해낸 적이 있다. 아도르노의 발탁으로 첫 번째 직업을 얻기 전 하버마스는 기사를 작성하며 근근이 살았다. 그는 이 시절에 기사의 핵심을 극단적으로 강조하는 방법, 논제를 만들어내고 머리기사 제목을 밀도 있게 작성하는 법을 배웠다. "시사평론가 하버마스는 학자 하버마스가 명확하고 함축적인 표현을 쓰도록 계속 도움을 준다." 그의 제자인 데틀레프 클라우센Detlev Claussen의 말이다. 물론 이 말이 맞으려면 '의사소통적 사회의 공론장'에 도달한다는 것을 전제 조건으로 해야 한다. 《일종의 손실 처리》, 《과거 청산》, 《지배받지 않는 담론》, 《새로운 불투명성》, 《생활세계의 식민화》의 제목들은 전형적인 하버마스식 표현으로 번득인다. 이렇게 새가 날개를 파닥거리듯 생생한 단어를 쓴 덕분에 하버마스의 책 제목은 핵심을 찌르는 듯한 인상을 준다. 하버마스의 문체는 정교하고 객관적이면서도 매우 기교적이다. 그의 철학 언어는 아도르노처럼 예술적이지도 않고 하이데거처럼 불명료하지도 않다. 이른바 '하버마스 식 언어'는 존재하지 않는다. 그렇기 때문에 하버마스의 텍스트는 엄밀한 의미에서 사건이라고까지는 볼 수 없다. 깊은 인상을 주기는 하지만, 강렬한 인상까지 주지는 않는다.

하버마스는 철학자로서는 물론이고 프랑크푸르트학파의 대변인으로도 인정받았다. 그는 프랑크푸르트학파를 크게 바꿔놓는다. 염세주의적으로 "세상은 불운한 상태에 있다"라고 속삭이던 목소리. 선에서 악의 냄새를, 진보에서 야만의 냄새를 감지하던 변증법. 하버마스는 이 모든 것에 절대 해당되지 않았다. 이론이나 철학 때문이라기보다 정신 상태나 개인적인 체험과 더 관련이 있었을지도 모른다. 하버마스는 습관적인 낙관론자였다. 그는 커다란 패배감에 빠질 필요가 없는 삶을 살고 있었다. 그는 누구를 따라잡으려고 발버둥친 적이 없었으며, 언어 장애가 있음에도 불구하고(하버마스는 선천성 구개열 환자이고 오늘날까지도 그가 하는 말을 제대로 알아듣기 어렵다) 한 번도 아웃사이더인 적이 없었다.

초기 저작인 《공론장의 구조 변동》으로부터 말년의 법철학에 이르기까지 하버마스는 늘 '민주주의·공화주의 공동체가 어떻게 구조화될 수 있는가'를 탐색했다. 여기서 하버마스가 말하는 "더 많은 민주주의"는 실현 가능한 선택권이라는 전제 조건 아래에서 이룰 수 있다. 또한 《이데올로기로서의 과학과 기술》 같은 하버마스의 전공 철학서 중 상당수는 지루한데도 불구하고 지금도 여러 사람들이 읽는다. 책의 내용이 공통감각으로 받아들여지고 있기 때문이다. 기술은 가치중립적이지 않고 기술의 투입과 활용은 지배적 경제 형태나 권력을 통해 구조화된다는 사실은 오늘날 더 이상 새로운 정보가 아니다. 이 사실들은 하버마스 덕분에 공통감각이 되었다. 1956년 하버마스는 이렇게 썼다. "마르크스는 이러한 '기계 장치'가, 기술 자체가, 특정 경제 제도가 그 체제 내부에서 일하는 노동자는 물론 소비자를 '소외'라는 올가미로 덮어씌운다고 인식한 적이 절대 없었다."

오늘날 하버마스의 이론 가운데 여럿에 붙은 '상표'(그가 직접 상표라고 명명한 적이 있다)는 자꾸만 오해를 낳는다. 무엇보다 사람들이 하버마스가 주창한 의사소통이론을 "지배받지 않는 담론"이라는 이상적인 표상으로만 여기기 때문이다. 또한 이상적 대화 상황 및 의사소통적 이성의 사용이라는 사상도 오해를 받고 있다. 순진한, 선량한 사람들이나 바라는 비현실적인 소망이라는 것이다. 이 모든 하버마스의 사상은 당연히 기존 마르크스주의보다 훨씬 세련됐다. 마르크스주의자는 실천, 그러니까 노동이 생산 안에서 상호작용을 이루지만, 하버마스는 의사소통이 상호작용을 이룬다. 의사소통은 인간 스스로가 서로 만들어내는 수단, 인간이 사회를 만들어내는 수단이다. 하지만 언어로 하는 의사소통에는 항상 해방이라는 유토피아가 개입되어 있다. 즉 의사소통은 최소한 다른 이의 말에 귀를 기울이고 논거에 신경을 쏟는다는 것을 전제한다. 비이성적이고 부조리한 말을 할 수도 있지만, 이성이 없으면 의사소통은 이루어지지 않는다. 의사소통을 위해서는 최소한 자신이 "'더 나은 논거'라는 강제성이 없는 강제"를 받아들인다는 인상을 주어야 한다는 것이다. 또한 담론을 감행하기 위해서는 자기 의견의 근거를 설명해야 한다는 것이다.

담론의 윤리학자 하버마스가 "'더 나은 논거'라는 강제성이 없는 강제"를 높이 평가한다고 해서, 이론 논쟁을 할 때 자신과 대적하는 이가 위험하다고 여겨도 강하게 몰아치면 안 된다는 것은 절대 아니다. 예를 들어 하버마스는 프랑스에서 물밀듯 몰려온 정신 사조인 포스트구조주의에 맞서 격렬하게 싸웠다. 프랑스 포스트구조주의가 '이성 비판'을 했기 때문이다(이와 관련해서는 앞으로 이 책의 다른 장에서 보다 자세히 다룰 것이다). 하버마스는 푸코, 바타이유Bataille, 데리다Derrida와 그들의 동료에 맞서 자신을 이성과 관련한 모든 난제와 공격에도 굴하지 않고 계몽을 높이 평가하는 전통주의자로 위치시켜 대립각을 세웠다. "포스트구조주의자들이 쓴 저작을 보면 니체가 실행했던 이데올로기 비평의 명민하고 통찰력 있는 연장선만 발견할 수 있는 것이 아니다. 여기에서는 전체적으로 이성 비판의 꼴이 된 방법론적으로 과장된 표현도 만날 수 있다." 하버마스는 '합리성 비판의 천박함'에 대해 날카롭게 비평했다. 누구든 반계몽주의를 공개적으로 드러내거나 감추고 있다고 여긴다면 하버마스를 조심해야 한다. 또한 체계이론(이 이론에서는 행동하는 주체를 체계 논리의 실행자로 여긴다)을 지지한다면 하버마스에게 당한 쓰라린 경험에 대해 말할 자격이 있다. 하버마스는 체계이론학파의 창립자이자 통찰력이 뛰어난 학자인 니클라스 루만Niklas Luhmann을 자신과 정반대편에 있는 지식인으로 평가하고 비교적 존중했다. 하지만 하버마스 추종자들과 루만의 제자들은 서로 사이가 무척 나쁘다. 이밖에도 하버마스가 친애하는 적수 중 한 사람이 독일 출신 철학자 페터 슬로터다이크Peter Sloterdijk다. 그는 하버마스와 직접 맞서 논쟁을 벌였을 뿐만 아니라, 그가 이끄는 군단(학생들 집단) 전원을 전쟁터로 보냈다.

당연히 '적수는 언제나 생기게 마련'이라고 말할 수도 있다. 나치의 승승장구에 경악한 아도르노와 호르크하이머는 프랑크푸르트학파의 기본 분위기를 염세주의적, 문화 비판적으로 이끌고 스스로 계몽의 어두운 면을 논의했다. 반면 하버마스는 계몽의 몇 가지 기본 원칙(철학적 모더니즘이라고도 말할 수 있다)이 새로운 철학 풍조에 의해 공격받자 이 기본 원칙을 긍정적으로 높이 평가했다. 즉 개인(주체)은 자신의 이성을 자율적으로 이용할 수 있다는 점, 모든 것은 획일화되어 있지 않고 – 또한 모든 것은 획일적인 관심사를 보이지 않고 – 억눌린 담론과 해방된 담론을 구별할 수 있다는 점, 공동체는 진정한 민주주의와 법치국가로 진보할 수 있으며 시민은 지배 효과, 엔터테인먼트, 자동 조정 장치로 조종되는 체계의 그물망에 쉽게 사로잡히지 않는다는 점을 하버마스는 확신했다.

비판이론은 하버마스와 더불어 좌파 자유주의의 주류로 진입했다. 이는 비판이론이 좋으냐 나쁘냐를 판단할 수 있는 상태가 됐다는 뜻이다. 비판 이론이 정신적으로 고공 행진을 이어가던 시절은 지나갔다. 누구도 더 이상 비판이론가들의 기이한 행동과 숨 막힐 듯한 독창성에 대해 이야기하지 않는다. 하지만 벤야민, 아도르노, 하버마스가 감행한 철학적 고찰들은 현대 민주주의와 사회주의 사상에 뚜렷하게 새겨져 있다. 즉 진보는 한편으로는 좋은 것이지만, 그렇다고 맹목적으로 진보를 추구해서도 안 된다. 또한 "궤도에서 이탈한 모더니즘"(하버마스)도 경계해야 한다. 문명은 마치 니스 칠처럼 얄팍하고 민주주의와 계몽으로부터 얻은 성과는 항상 위태롭다. 전면적인 경제화는 '생활세계의 식민화'를 초래한다. 그러니까 일반적인 생존 표시 지역은 물론이고 니셰(희귀 동식물이 살 수 있는 지역 — 옮긴이)도 모조리 경제화의 압박에 굴복한다. 오늘날 인간은 두 다리가 달린 비용 요소쯤으로 취급받고 상업과 경제가 모든 것을 한데 녹여버린다. 그리고 이와 같은 불평을 오늘날 고상한 단골손님들의 모임에서 쉽게 들을 수 있다. 지난 80년 동안 비판이론은 이런 불평에 뚜렷하게 자신의 인장을 남겨 왔다.

5장

나 자신으로부터의 반란, 그리고 성 혁명에 이르기까지

마르크스 씨는 소외되지 않는 인간을 원하지만,
"도대체 인간이 존재하는가"라는 질문을 받는다.
마찬가지로 버틀러 씨가 과연 여성이 존재하는지
의심하는 것은 결코 놀라운 일이 아니다.

사교계에서 도발적인 매력을 과시하는 아리아네 좀머Ariane Sommer(독일 출신의 작가이자 칼럼니스트, 방송 프로그램 진행자 겸 모델 — 옮긴이)도 이렇게 말하고, 권투선수 스벤 오트케Sven Ottke도 이렇게 말하고, 건물 모퉁이에 웅크리고 있는 펑크족도 이렇게 말한다. "내 일은 내가 알아서 할게I do my thing." 이 글래머 걸은 자신의 생각을 이렇게 밝혔다. "나는 아리아네 좀머다. 내 일은 내가 알아서 한다. 사람들이 내게 어떤 라벨을 붙이든 전혀 상관하지 않는다." 좀머보다 훨씬 나이가 든 오스트리아 출신 가수 볼프강 암브로스Wolfgang Ambros는 미적 트렌드가 바뀌는 추세에 대해 강력하게 항의한다. "내 일은 내가 알아서 한다. 그리고 이런 자세를 유지할 수 있어서 좋다." 자기 주변의 모든 사람들이 어떻게 생각하든 전혀 상관하지 않는다고 강조하고 싶다면 코미디언 휴고 에곤 발더Hugo Egon Balder처럼 "내 일은 내가 알아서 할게"라고 말하면 된다. 자신을 옹호하거나 방어하려면 래퍼 어셔처럼 "나는 단순한 사람이 아니다. 내 일은 내가 알아서 한다"라고 말하면 된다. 테니스 선수 마리아 샤라포바는 안나 쿠르니코바와 끊임없이 비교되는 바람에 신경이 쇠약해져서 "나는 안나의 복제품이 아니다. 내 일은 내가 알아서 한다"라고 일갈했다. 경험론적 연구를 하는 사회과학자들은 십대 청소년을 선발해 그들에게 부모와의 관계에 대해 물은 뒤 다음과 같은 사실을 알게 됐다. "'부모님 일은 부모님이 알아서 하고 내 일은 내가 알아서 할게요'라는 말은 청소년들이 즐겨 쓰는 관용적 표현이다." 미국의 힙합 밴드 비스티 보이즈가 자신의 노래에서 "우리는 여기 있고 우리 일은 우리가 알아서 한다. 네가 우리를 사랑하든 미워하든 네 생각을 찬성해"라고 한 것처럼, 이 관용구는 태만해 보이지만 꾸밈없는 사고방식을 극대화한다.

오늘날 십대 청소년이나 이십대 젊은이와 대화를 하다보면 "내가 알아서 할 게요"라는 관용구 없이는 대화가 이어지지 않을 정도다. 이 말은 미국의 거리에서 쓰는 은어에서 시작해 빠르게 일상 언어(심지어 표준어)로 도약했다. 'I do my thing'은 지금도 여전히 랩 문화에서 전형적으로 쓰는 표현이다. 이 표현은 "옳은 일을 하라do the right thing(스파이크 리가 만든 영화 제목과 똑같다)"에서 변형되어 명령형 문장이 됐다. 이 관용구는 이미 수십 년 전에 시에 쓰이곤 했다. 정신의학계에서는 프레더릭 펄스Frederick Perls(독일 출신의 저명한 정신과 전문의—옮긴이)가 쓴 다음과 같은 시를 환자에게 읽힌다.

나는 내가 알아서 하겠으니 너는 네가 알아서 해.
나는 이 세상에서는 네 기대에 부응하지 못해.

그리고 너도 이 세상에서는 내 기대에 부응하지 못해.

너는 너고, 나는 나야.

그리고 우리가 우연히 만난다면, 참 아름답겠지.

인간은 아주 어린 나이에, 유치원에 입학하는 나이가 되기도 전에 미라 로베Mira Lobe가 쓴 고전 동화인 《작지만 나는 나》에 이른다고 한다. 이 동화에 등장하는 전설적인 주인공인 알록달록한 작은 동물은 다른 동물과 전혀 닮지 않아서 깊은 슬픔에 빠진다. 하지만 주인공은 깨달음을 얻고 다음과 같이 자신의 남다른 모습을 행복하게 받아들인다.

그래, 이제 나는 알았어.

내가 누군지 말이야!

너희는 내가 누군지 아니?

나는 나야!

자기가 알아서 하는 사람은 고립을 추구하거나 자신을 억누르지 않는다. 오히려 자유롭게, 가짜 삶 한가운데에서 참되게 산다. 자기가 알아서 하는 사람은 천부적으로 '자기가 알아서 하는 일'로 통하는 출구를 발견할 수 있는가에 흥미를 가진다. 이런 사람은 타인이 자기 일을 전반적으로 이해하는지에 대해서는 무관심한 것이 특징이다. 그는 분명 시종일관 자기가 알아서 할 일을 끝까지 해낼 것이다. 이 점에 있어서 급진적이다. 그런데 그는 동시에 시대정신이 요구하는 절제를 구현하고 있다. 그는 다른 사람이 지닌 정당성, 즉 그들도 자기 일을 알아서 할 정당성을 부정할 수 없다.

당신도 다음의 말을 들으면 가슴이 벅차오를지 모른다. 즉 누구나 뚜렷한 자아를 발달시켜야 하고, 누구나 그냥 나 자신이 되어야 하고, 비틀리면 안 되고, 자아를 구현해야 하고, 우리 안에 잠재되어 있는 창의성을 싹 틔워야 한다. 그리고 관습에 억눌리거나 몰개성적인 기계 장치의 작은 톱니바퀴가 되는 것을 경계해야 한다. 나의 삶을 스스로 만들어나가고 삶 전체에서 쉽게 흔들리지 않아야 한다. 이 모든 것은 오늘날 공통감각으로 통한다. 이 공통감각은 당연히 좌파에게도 통용되지만 좌파를 훨씬 넘어서기도 한다.

인간의 소외는 인간으로부터 시작된다

150년도 훨씬 전에 젊은 청년이었던 마르크스는 파리에서 망명 생활을 하며 이와 비슷한 문제에 몰두했다. 그는 겨우 26세였지만 이미 사회 비판적인 기자이자 시사평론가로 격동에 휩싸인 거친 전력의 소유자였다. 마르크스는 독일 검열 관청과 당국의 추적을 받는 처지에 놓였고 이 때문에 프랑스로 이주해야 했다. 1844년 내놓은 《경제학—철학 수고》에서 마르크스는 프랑켄슈타인과 상당히 비슷한 이야기를 풀어놓는다(괴물을 창조했지만 결국 이 괴물에게 지배당하는 과학자를 묘사한 메리 셸리의 소설이 이때 엄청난 인기를 끈 것은 아마도 우연이 아닐 것이다). 마르크스는 인간이 어떻게 자본주의 경제·상품 세계를 만들어냈는지, 이후 인간이 어떻게 자본주의 경제·상품에 예속되는지를 논한다. 인간은 "자신의 노동을 긍정하지 않고 부정하고서야, 행복이 아니라 불행을 느끼고서야 활동을 포기한다. …… 인간의 정신은 파괴된다."

그리고 마르크스는 다음과 같은 말을 덧붙이면서 본격적으로 철학의 개선 행진을 시작한다. "인간의 소외는 인간으로부터 시작된다." 인간은 자신의 잠재력을 발달시키지 못하고 자신의 잠재력을 떨어뜨리는 기계 장치에 속박된다. 하지만 인간은 이 기계 장치를 절대 잊지 않는다. 항상 인간 스스로가 기계 장치를 만든다. 이제부터 인간이 생산하는 물건은 인간을 지배할 뿐만 아니라, 자신의 모양에 따라 인간에 맞서 인간을 만들어낸다. 이제 생산은 "상품 즉 상품으로서의 인간을 생산한다. 이 뿐만이 아니다. 생산은 …… 정신적으로나 육체적으로 비인간화된 인간을 생산한다." 이러한 폐해 때문에 인간은 결코 완전하지 않은 부분적인 노동자라는 불구 상태가 된다. 또한 인간이 사회를 만들지만, 이후 사회가 인간을 재정비한다. 이러한 과정은 공장에서 쉽게 관찰할 수 있다. 공장에서 개인이 손으로 직접 처리하는 공정은 얼마 되지 않는다. 인간의 수공업 능력은 불구가 되고 사회 또한 넓은 의미에서 분업과 상품 경제를 통해 변형된다. 그래서 결국 개인은 오로지 그물망 속에서 무기력하게 허우적거릴 뿐이다. "인간이라면 누구나 타인이 새로운 욕구를 창출하기를 바란다. 타인이 새로운 희생자가 되도록 강요하기 위해서, 타인이 새로운 종속 상태에 놓이게 하기 위해서, 타인이 새로운 양식의 향락에 빠져 경제적으로 몰락하게 하기 위해서다. 모든 인간은 타인으로부터 낯선 존재의 힘을 만들어내려 한다. …… 모든 생산물은 미끼이며, 이 미끼로 타인의 존재, 그가 가진 돈을 꾀어내려 한다. 모든 실제 또는 가능한 욕구는 끈끈이 막대에 걸려든 파리처럼 허약하기 짝이 없다. …… 그래서 모든 열정과 활동은 반드시 탐욕으로 가라앉는다."

마르크스는 우리 모두가 그런 것처럼 일단 처음에는 '인간이라는 존재'에서 출발한다. 갑자기 '인간이란 무엇인가'라는 질문을 받는다면 인간이라는 고유한 존재인 우리는 무슨 생각을 하게 될까? 지식과 교양에 목말라 있는 존재. 안락하고 생산적인 사회관계 속에서 살아가며 절대로 타인을 속이거나 배반하려는 의도가 없는 존재. 기꺼이 자신의 재능을 발전시키는 노동을 하며 이 노동을 어떻게 아름답게 표현할지 고민에 빠지는 존재. 즉 무엇인가를 만들었을 때 기뻐하며 "하, 나는 정말로 뭔가를 성취해냈구나"라고 스스로에게 감탄하는 존재. 보다 정확하게 말하면 가히 예술적으로 정교한 제작 과정에 스스로 매료되어 집중하고, 스스로에게 요구하고, 우리 자신을 뛰어넘고자 하는 존재(현대 노동심리학에서는 이를 플로우flow라고 일컫는다).

이처럼 수많은 경이로운 요소들을 인간성과 연결하는 존재를 생각할지도 모른다. 현실의 삶이 이러한 요구를 충족시키지 못하면 우리는 본능적으로 이를 결핍이나 과오로 여긴다. 수많은 사람이 이런 좋은 삶을 누리지 못하는 사회를 문제가 많은 사회로 생각한다. 그러나 난점이 하나 있다. 인간이 사회적 동물이라면 당연히 인간은 언제나 사회의 산물일 것이다. 그런데 정말로 그렇다면, 당시 구체적인 사회적 특징과는 거리가 먼 고유한 '인간이라는 존재'가 과연 존재할까? 그래서 마르크스는 청년 몽상가 시기를 지나자마자 이렇게 썼다. "인간 존재는 개별 개체에 내재된 추상적 개념이 아니다. 인간은 현실에서 사회적 관계라는 앙상블을 이룬다."

이것 참 복잡하다! 인간이 사회적 관계라는 앙상블에 지나지 않는다면 당연히 사회적 관계로부터 자유로운 고유한 '인간이라는 존재'는 낭만적인 환상일 뿐이다. 그리고 사회적 관계에 얽매인 구체적 인간이 철학자나 몽상가가 환상 속에서 꿈꾸는 고유한 인간 존재로부터 소외된 존재라는 생각은 완전히 무의미하게 된다. 존재하지 않는 존재로부터 어떻게 소외될 수 있는가? 그럼에도 불구하고 마르크스는 소외라는 개념을 완전히 포기하지 않았다. 하지만 이 개념은 몇십 년 동안 잊히게 된다. 마르크스의 청년 시절 저작이 별로 유명하지 않았기 때문이었다. 그러나 이 책이 1920년대에 재출간되고 마르크스주의자들이 탐독하면서 폭발적인 인기를 얻었다. 아마도 청년 시절 마르크스의 저작이 냉철한 분석이 장기인 경제학자 마르크스나

예리하고 과감한 혁명가 마르크스를 드러내지 않고 부드러운 인간 마르크스를 보여주었기 때문일지도 모른다.

허술함에도 불구하고 '소외'는 좌파가 사회를 비판적으로 바라보는 새로운 무기가 되었다. 당시 프랑크푸르트 사회연구소에서 활동하던 아도르노나 호르크하이머와 같은 편이었던 마르쿠제는 이를 "결정적인 사건"이라며 환호했다. 외화, 소외, 물화는 점차 좌파 사회 비판의 핵심 개념이 되었다. 특히 1960년대부터 그랬다. 이때는 저항적인 청년 세대가 사회 정의, 고임금, 정당한 사회 입법을 위해 투쟁했을 뿐만 아니라 완전히 다른 방식의 삶, 즉 '새로운 삶'을 열렬히 추구했다. 인간은 불구와 같은 존재이고 자신의 잠재력을 실현하기 위해 해방되어야 할 존재라는 주장은 좌파 불평가들의 표준이 됐다. 더불어 좌파 불평가들은 프로이트의 정신분석으로부터도 큰 영향을 받았다. 이로 인해 한동안 '프로이트-마르크스주의Freudo-Marxism'가 크게 발전하기도 했다. 마르쿠제 자신이 이러한 운동에서 가장 중요한 대변자가 됐고 그가 쓴 《일차원적 인간》은 한 세대 전체가 가장 많이 읽은 책이 됐다.

좌파 이론은 시간이 지날수록 독특한 방식으로 생활 태도에 대한 조언을 아끼지 않는 문학이 되었다. 하지만 도서 시장에서 유행하는 조언 류의 책과는 결정적인 지점에서 차이가 난다. 좌파 조언 문학은 자본주의에서 소외받는 삶을 살아야 하는 인간의 지향점을 제시한다. 인간은 비록 지금은 불행한 상황에서 살아가지만 이 상황(자본주의, 인간을 소외시키는 형태의 분업, 상품 세계)이 제거되면 인간의 삶은 해방될 수 있다.

헝가리에서 망명한 철학자 아그네스 헬러Agnes Heller도 당시 욕구체계이론을 다룬 놀라운 논문을 발표했다. 이 논문은 서구의 비정통적인 좌파를 한데 엮는 계기가 됐다. "자본주의 사회에서 직접성은 억압된다." 그리고 헬러는 다음과 같이 덧붙인다. "지배적인 욕구체계로부터 빠져나오려는 시도가 성공할 가능성은 단 하나다." 헬러의 요점은 충족·통합시킬 수 없는 급진적인 욕구(이 욕구는 복지국가 및 사회적 협력 관계로 체계화된 자본주의 사회로부터는 나오지 않는다)가 존재하며, 이러한 급진적 욕구는 형이상학적 인간성에 기인하는 것이 아니라 현실적인 관계라는 부식토에서 스스로 성장한다는 것이다. "자본주의로 인해 이러한 의식(급진적 욕구)이 필연적으로 생긴다." 헬러는 이렇게 선언했다. 자본주의는 — 마르크스 식으로 말하면 — 모든 인간관계를 적나라한 현금 거래 관계 수준으로 축소시킨다. 이는 다른 의미에서 인간관계의 확장이기도 한다. 사람 각각이 작은 경제 단위가 되며 개인주의는 이 시대의 논리적 이데올로기가 된다. 자율성, 창의성, 자아실현은 누구나 자기가 알아서 해야 할 일이고, 누구나 존중받을 권한이 있다는 말은 현대 자본주의가 직접 선언한 약속이다. 하지만 약속은 늘 지켜지지 않게 마련이다. 바로 그렇기 때문에 이 '급진적 욕구'는 사회개혁가의 타협을 통해서는 실현되지 않는다.

소외는 좌파 이론에서 대단히 중요하다. 그래서 이 개념은 불확실하고 수상쩍음에도 불구하고 부활을 거듭한다. 소외는 오늘날에도 명백히 생산적인 활동을 한다. 많은 사람들이 일상에서 이 개념을 감지하고 떨림을 느낀다. 신세대 프랑크푸르트학파에 속하는 젊은 철학자 라헬 예기Rahel Jaeggi는 몇 년 전 불확실해진 소외 개념을 개선하려는 시도를 감행했다. 예기는 "욕구의 진위를 가릴 척도"가 존재하지 않고 "고유하거나 진정한 자아"는 전혀 없으며 "내면 어디엔가로 국한되어" 있다는 것을 잘 안다. 자아의 표현 건너편에 자아의 진실이 존재하지 않기 때문이다. 하지만 예기의 이의 제기에 따르면 우리는 우리 자신을 "고유한 존재"로부터 소외시킬 수 없다. 다만 일상의 삶 속에서 일뿐이다. "오늘날 같은 상황에서 소외 비판은 '본질주의적'이거나 '형이상학적' 바탕에 강한 의미를 두어서도 안 되고 또 그럴 리도 없다." 문제는 "자기 자신과 자신이 현재 살고 있고 처해 있는 상황을 서로 연관시키고, 상황을 자신의 것으로 만드는 데 성공할 수 있느냐"이다.

문제는 우리가 아무 역할도 할 수 없다는 것이다. 우리가 과연 자기 인생의 시나리오 작가일까? 누구든 자신의 삶에서 유일한 작가는 아니겠지만 최소한 '공동 작가' 역할은 해야 한다. "여기서 역할 그 자체가 아니라 역할을 적절하게 표현하는 것이 불가능하기 때문에 소외 효과가 일어난다." 예기는 이렇게 표명했다. "그런 형태를 뛰어넘어 순수성을 추구하는 것은 무의미하다. 내면에서 그런 순수성을 계속 추구하면 새로운 문제가 거듭 발생한다." "우리는 역할을 통해 전반적으로 '우리의 자아를 스스로 소외시킨다'"라는 주장은 근거가 빈약하지만 우리는 '때때로 이런 역할'을 한다.

라헬 예기의 말대로 소외는 독특한 형태의 권력 상실이다. 즉 인간은 삶을 표류하고, 사건은 그냥 일어나고, 자신의 고유한 삶은 사회에 "전혀 영향을 끼치지 못하는" 독자적인 사건이 된다. 세상과 소외되지 않은 관계를 맺는다는 것은 이러한 관계를 자기 것으로 만든다는 것을 의미한다. 그리고 공용 공간을 예로 들면 단순히 공간을 이용하는 것 이상을 뜻한다. 즉 자기 것으로 만드는 것은 자신의 고유한 삶의 상태를 각인시키는 능력에 의해 유지된다. 바로 이러한 의미에서 '발달하는 자아'는 과거에 이미 주어진 것이 아니라 자기의 것으로 만드는 과정의 결과다. 이는 누구나 변화할 수 있지만 진정성 있는 상태를 유지할 수 있는 것으로도 설명할 수 있다. 변화는 필연적으로 자신의 자아를 소외시키는 것도 아니고 이러한 자아에 가까이 접근하는 것도 아니다. 하지만 변화의 과정은 진정성과는 아주 무관하게 진행될 수 있다. 문제는 삶의 방식을 포기하느냐 마느냐가 아니라, "주체가 이를 어떤 방법으로 포기하느냐"이다. 예기는 이렇게 썼다. "자신의 고유한 삶의 역사 또는 자신에 대한 고유한 이해의 과정을 통합할 수 있느냐가 결정적으로 작용한다."

예기의 말에 따르면, 인간은 소외된 관계로 끌려들어갈 가능성이 아주 높다. 세상과의 관계에서, 타인과의 관계에서, 자신의 고유한 삶에서 소외된다. 예기가 주장한 '핵심 모델이 없는 소외 진단'은 오래된 소외 개념에서 유용한 내용을 보존한다. 예기는 소외 개념이 생산적이라고 주장한다. 이 소외 개념을 통해 이 개념 없이는 표현이 안 되는 실상을 묘사할 수 있기 때문이다. 그럼에도 불구하고 소외 개념이 어떤 부유 상태에 머물러 있다는 것은 결핍이 아니라 생산성이 있음을 밝히는 증거다(이론적으로 풍부한 개념은 이렇게 불명료하다).

마르크스로부터 마르쿠제를 거쳐 라헬 예기에 이르기까지 모두 같은 문제를 제기하고 있다. '자유로운 나'는 어떻게 생길 수 있을까? 다른 말로 하면, 바로 자유에 대한 문제다. 자아실현에 대한 문제다. 억압에서, 관습에서, 나태한 습관에서, 우리를 속박하는 모범적 역할에서 벗어나는 것에 대한 문제다. 경험에 대한, 자발성에 대한, 강렬한 집중에 대한 문제다. 따라서 인간은 틀에 박힌 상투적인 말을 '감지'하기 위해(상투적인 말 속에 대중이 품은 열망이 나타나기 때문이다) '순수'해야 한다.

실존주의는 휴머니즘이다

이러한 열망은 어떤 철학 학파에서 본격적으로 유행했다. 바로 실존주의다. 실존주의의 가장 매력적인 인물 중 하나는 프랑스 철학자 장 폴 사르트르Jean-Paul Sartre다. 현대의 동일성 비판이론은 진정한 나를 발달시키려는 모든 시도가 실패할 수밖에 없는 숙명을 타고난다고 주장한다. '나'가 될 수 있는 까닭은 이미 어느 누군가가 내 앞에 있기 때문이다. 그러나 사르트르는 인간이 억압과 속박에 짓눌려 있고 타인의 견해라는 물결에 떠밀릴 수밖에 없다 할지라도 원칙적으로 자유롭다는 점을 강조한다. 이것이 사르트르 실존주의의 단순한 출발점이다. 누구나 항상 자신의 삶을 바꿀 수 있는 가능성을 지니고 있다. 그리고 인간이라는 존재는 미리 결정되어 있지 않다. "실존은 본질에 앞선다." 사르트르가 한 말 가운데 가장 유명한 말이다. 따라서 모든 인간은 언제나 자신을 새롭게 창조할 수 있다.

사르트르는 날마다 스스로를 새로운 존재로 창조했다. 책으로 가득한 할아버지의 집에서 자란 사르트르는 곧바로 언어에 사로잡혔다. 그의 자서전이 《말》인 것은 결코 우연이 아니다. 사르트르는 시골 학교의 교사가 됐고, 이후 파리 고등학교의 교사가 됐다. 그는 2차 세계대전 중 독일군 포로가 되기도 했다. 또한 그는 레지스탕스였다. 사르트르는 글쓰기를 좋아했다. 첫 번째 성공을 거두자 그는 생계를 위한 직업을 포기하고 생제르맹 대로에 위치한 카페 드 플로르에서 날마다 열정적으로 원고를 썼다. 그의 곁에는 인생의 동반자 시몬 드 보부아르Simone de Beauvoir가 있었다. 사르트르는 평생 보부아르에게 존칭을 붙였다. 그러나 다른 사람들에게는 원칙적으로 말을 놓았다. 전쟁이 끝난 뒤 사르트르와 보부아르는 철학계에서 스타가 되었다. 그들은 스스로를 파리를 정신적으로 떠도는 보헤미안으로 여겼고 이를 모범적으로 구현했다.

사르트르의 문학은 철학적이었고 철학은 문학적이었다. 에세이, 성명서, 희곡, 소설, 두꺼운 분량의 전기, 엄청난 분량의 철학 저작. 사르트르는 장르를 가리지 않았다. 당연히 쓸데없는 일에 시간과 정력을 낭비하기도 했다. 그럼에도 불구하고 사르트르의 저작에는 중심이 있었다. 관습, 속물주의, 지나간 일에 대한 혐오를 통해 급진적인 동시대성을 절실히 추구한 것이었다. "우리는 당시와 같은 형태의 사회를 거부했다." 보부아르는 이렇게 회고했다. "하지만 이러한 거부에 까다롭고 성가신 것은 전혀 묻어 있지 않았다. 여기에는 질기고 강건한 낙관론이 포함되어 있었다. 인간은 새롭게 창조되어야 하며, 창조는 우리가 한 작업의 일부가 됐다." 미국 철학자 아서 단토Arthur Danto가 묘사한 것처럼 "사르트르는 왜소하고 땅딸막하며 비만 체질이고 사시였다. 이렇게 눈에 확 띌 정도로 못생겼음에도 불구하고 여성들은 그에게 매력을 느꼈다. 사르트르는 성적인 면에서 성공을 거두었다. 그는 많이 먹고 마시기를 즐겼으며 …… 끊임없이 담배를 피웠다."

"나는 글을 씀으로써 실존한다." 언젠가 사르트르는 자신을 이렇게 표현했다. 항상 어두운 색 양복을 입고 담배를 손에 쥔 그는 대중으로부터 큰 인기를 모으는 스타 철학자가 됐다. 그가 그 유명한 '실존주의는 휴머니즘이다'라는 강연을 개최하자 너무 많은 청중이 몰러드는 바람에 홀 내부 설비가 부서지는 사건이 일어나기도 했다. 많은 이가 실신했고 사르트르는 예정보다 한 시간이나 늦게 무대에 오를 수 있었다.

사르트르는 '나'라는 생의 철학에 언제나 충실했다. 그는 자신을 스스로 공산주의자라고 여기고 마르크스주의에 몰두했지만 어떠한 집단에도 속하지 않았다. 사르트르는 사르트르로 남았다. 이러한 자세는 철학적으로 다음과 같은 뚜렷한 의미를 지닌다. 즉 사회나 객관적 조건 같은 단어는 절대로 사르트르 사상의 중심에 설 수 없었다. 그는 윤리적 형태인 인간에 몰두했다. 사르트르는 가장 정통적인 단계에서 "마르크스주의의 가장자리에서 발전한 실존주의"를 불굴의 자세로 계속 유지하겠다고 맹세했다.

사르트르가 보기에 공산주의와 개인주의는 서로 모순 관계가 아니었다. 인도차이나 혁명과 알제리 독립 운동을 지지하는 혁명가 사르트르는 불법적인 모택동주의 잡지를 공공연하게 판매하고 최고의 보안 장치를 갖춘 교도소에 수감된 테러리스트를 면회했다. 이를 통해 그는 항상 실존적인 표시를 드러냈다. 즉 행동하는 주체가 세상을 바꾼다는 표시다. 사르트르는 생과 세상에 대한 욕망으로 가득 차 포효한다. 사람들이 드골 장군에게 사르트르를 선동 혐의로 체포하라고 부추기자 드골은 전설적인 발언을 한다. "볼테르를 체포할 수는 없다."

이 시기 파리에서 활동한 또 한 명의 지식인 스타는 알베르 카뮈

Albert Camus다. 카뮈 역시 좌파였고 사르트르의 친구였으며 실존주의 유행의 물결을 대변하는 인물이었다. 하지만 사르트르와 카뮈는 사이가 나빠진다. 사적인 이유에서 시작했지만 결국에는 이데올로기적인 이유였다. 사르트르의 실존주의는 마르크스주의에 충실했고 공인 사르트르는 소비에트 연방에 대해서도 신의를 지켰다. 비록 소비에트 연방은 오래전부터 스탈린주의적 공산주의에 의거해 개인의 자유를 짓밟았지만 말이다. 그러나 카뮈는 이를 왜곡되고 타락한 실천이라고 비난했다. 뿐만 아니라 공산주의 이데올로기는 개인에 대해 아는 게 전혀 없다고 확신했다.

마르크스 역사철학에 따르면 역사는 더 많은 자유를 향하는 과정이고 결국 해방된 사회를 수립하기 위해 혁명이 필요하다. 그렇다면 혁명을 승리로 이끄는 모든 요소는 정당화될 수밖에 없다. 인간은 인류의 해방을 위해서라면 수단과 방법을 가리지 않을 수도 있다. 이런 생각을 하는 사람이 수백만 명이 될 수도 있다. 그리고 이 수백만 명은 결국 홀대받는 희생자가 된다. 하지만 이 희생자 수는 실제로 일어나는 획기적이고 최종적인 해방에 비춰본다면 그리 많지 않다. 역사는 불가피한 방향으로 흐르며 이 흐름에서 개인은 사소하고 하찮은 존재에 불과하다. 역사 진행 과정에서 하나의 단계로 이행하는 혁명은 이렇게 인간을 물건 수준으로 만들어버린다. 카뮈는 이러한 방식의 혁명을 반대했다. 그러나 카뮈는 반란을 높이 평가했다. 카뮈는 마르크스를 다음과 같이 비판했다. "마르크스는 혁명의 이름을 내걸고 그때부터 모든 형태의 반란에 맞서 벌이는 피 튀기는 투쟁을 정당화한다." 카뮈의 실존주의가 높이 평가하는 반란은 "인간이 물건으로 취급받지 않겠다는 거부이고 순전히 역사로 되돌아가겠다는 의지다."

카뮈는 사르트르와 맞섰고 사르트르는 카뮈와 맞섰다. 싸움은 카뮈가 1960년대 초 자동차 사고로 죽을 때까지 계속됐다. 사르트르는 반항과 폭동의 1960년대에 좌파라는 천상계에서 중심 성좌를 차지하며 다시 한 번 위대성을 발휘했다. 이러한 위용은 사르트르가 유행에서 뒤떨어질 때까지 지속됐다. 하지만 프랑스의 위대한 사상가 계보를 잇는 새로운 세대는 사르트르를 무시한다. 신세대 구조주의자 미셸 푸코Michel Foucault, 공산주의 철학자 루이 알튀세르Louis Althusser, 정신분석학자 자크 라캉Jacques Lacan은 1960년대에 사상을 활발하게 양산해 강력한 영향력을 행사한다. 그들은 '중심화된 주체'라고 일컬은 것을 해체한다. 소외와 마찬가지로 '인간 존재'에서 유래하는 사르트르의 휴머니즘은(적어도 때때로는) 이러한 신세대 이론의 수레바퀴 밑에 깔려버린다.

새로운 세대에게 영감을 준 정신분석학자이자 철학자인 자크 라캉은 자율성을 환상이라고 분명히 밝힌다. 라캉이 보기에 자율성, 자립심, 자아실현은 개인의 나르시시즘에 아첨하는 진부하고 상투적인 표어일 뿐이다. 이러한 표어는 나르시시즘에 빠진 개인에게 실제로는 개인이 결핍되어 있다는 암시를 준다. 이 말은 다음과 같은 뜻이어야 한다. 즉 실존주의, 소외 비판, 자율성, 자아실현은 개개인에게 마치 사이렌이 유혹하는 노래처럼 들린다. 자아는 이 노래의 내용을 확실하게 인식할 수 있다(심지어 자아가 어디 먼 곳에 있더라도 내면 안에서 인식이 가능하다). 따라서 그것을 결코 이루지 못하더라도 유혹은 멈추지 않는다.

이 새로운 세대의 이론은 1970년대부터 의기양양한 개선 행진을 시작하면서(이에 대해서는 앞으로 아주 자세히 다룰 것이다) 수많은 의문에 대해 결정타를 날렸다. 그럼에도 불구하고 이 이론이 자율성, 자아실현, 창의성에 대한 생각을 실제 삶에서 완전히 뿌리 뽑는 데 성공을 거둔 적은 결코 없다. 첫 번째, 그러한 생각은 뿌리 뽑을 수 없는 근본적인 열망이기 때문이다. 두 번째, 그러한 생각에 대한 부정은 본능적으로 어떤 반발을 불러오기 때문이다. 즉 인간이 고작 거대한 기계 장치에 소속된 탈중심화되고 서로 연결된 돌기突起에 불과하다면, 결코 부정할 수 없는 반항 정신이나 저항 기질은 과연 어디서 비롯된 것일까? 관계를 통해 인간을 만든다면 왜 관계를 통해 화내지 않는 인간을 만들 수 없을까? 세 번째, 새로운 세대의 이론은 자신이 거둔 성공을 반란, 즉 당 공산주의로 변질된 마르크스주의에 대한 반란 덕분이라고 생각한다. 아이러니하게도 이 변종 마르크스주의는 사회에 대한 반대 의견을 변질되기 이전의 마르크스주의를 복원해 단일화·평준화하려 한다. 모든 것은 자본가와 프롤레타리아의 근본적인 대립에서 나온다는 것이다. 이와 반대로 새로운 세대의 이론은 소수의 저항과 반대 정신, 성 역할에 대한 여성의 반란 등을 훨씬 많이 내세운다.

여성은 절대 존재하지 않는다

공통감각 쪽으로 방향을 돌려보면 오늘날에는 두 가지 확신이 좌파 지식의 기본 요소가 된다. 우선, 상황이 인간을 만든다는, 더욱이 인간의 내면까지, 인간의 정체성까지, 인간이 스스로 하는 생각까지, 아주 은밀한 열망까지 만든다는 확신이다. 둘째, 이러한 인간은 꾸미지 않은 순수한 자아를 발달시키려 한다는 확신, 그리고 이러한 자아는 오로지 강압적인 힘과 권력에 저항할 때만 발전할 수 있다는 확신이다.

이에 대한 적절한 사례가 바로 소비에 대한 비판이다. 이 비판은 오늘날 품위 있는 비판에 속한다. 1950년대에 미국의 광고 비평가 밴스 패커드Vance Packard는 광고가 어떻게 인간을 조작하고 인간에게 욕망을 이식하는지 — 예전까지만 해도 사람들은 이러한 사실을 전혀 몰랐다 — 를 최초로 다룬 《숨어 있는 설득자들》을 출간한다. 그 뒤 광고 산업이 사람들의 욕망을 제작하고 조립한다는 것은 이제 누구나 아는 공통감각이 됐다.

광고 산업에 의해 상품은 단순히 소비되는 존재에서 소비자가 자신의 정체성을 상품의 브랜드와 동일시하게 만드는 위력을 갖는 존재로 거듭난다. 이런 종류의 상품을 '정체성 제품identity goods'이라고 부른다. 자신의 개성에 대해 굉장한 자부심을 지닌 개인은 사실 자기가 소비하는 정체성 제품의 총합에 불과한 경우가 있다. "나는 쇼핑한다. 고로 나는 존재한다I shop therefore I am"라는 명제는 미술가 바버라 크루거Barbara Kruger의 전설적인 작품 제목이기도 하다. 하지만 누구나 알듯이 이 명제는 상품 미학과 광고 수준을 이미 오래전에 벗어나 우리 삶에 지배력을 행사해왔다.

아마도 당신은 스스로를 낭만적이라고 여길지 모른다. 이는 촛불을 켜놓고 즐기는 만찬candle light dinner을 좋아하거나, 만약 당신이 남성이라면 여자 친구에게 빨간 장미를 선물하는 것을 좋아하거나, 연인과 함께 가는 베니스 또는 파리 여행을 꿈꾸는 것을 의미한다. 아니면 이런 비슷한 낭만적인 것을 뜻한다. 그런데 당신은 촛불을 켜놓고 즐기는 만찬, 장미, 베니스 여행이 본래 낭만적인 생각의 특징이라는 사실을 어디서 알게 됐는가? 이런 낭만적인 생각은 여러분 내면으로부터 비롯되었는가? 아니면 예전에 보았던 영화, 어디에선가 읽은 책, 고광택 종이를 사용한 화려한 잡지에서 본 아름다운 사진에서 알게 된 것인가? 당신이 사진을 한 번도 본 적이 없다고 하더라도 낭만적인 것은 항상 존재하고 당신은 결국 영향을 받게 된다. 카뮈가 쓴 책을 읽는다면 문화적인 향취가 물씬한 원고 내용을 좇아 뿔테 안경과 검은색 풀오버 스웨터를 구입할지도 모른다. 물론 이것이 존재

자체를 구성하는 요소가 아님에도 말이다.

마찬가지로 우리는 인간이 단순히 (부)자유스러운 대자연 속에 있는 아바타가 아니라 제한된 역할에 반항한다는 점도 잘 알고 있다. 그리고 소수에 의해 시작되는 이런 반란은 항상 광범위한 동조자를 포섭할 수 있다는 점도 잘 알고 있다. 요즘 페미니즘을 예로 들어보자.

요즘 페미니즘은 모든 면에서는 아니지만 몇몇 중요한 지점에서 과거의 페미니즘과 구별된다. 예전의 페미니즘은 당연히 성 역할을 주제로 삼았으며 주로 남성과 동등할 권리, 균등한 자아실현 기회, 여성의 공적 역할 확대를 지향했다. 또한 예전의 페미니즘은 오늘날보다는 좁은 의미에서의 법적 권리 — 예를 들면 낙태할 수 있는 권리 — 를 요구했다. 경제적인 면에 대해 논쟁하는 경우가 많았다. 즉 여성이 직업 경력을 쌓을 기회와 가능성, 아이를 맡길 주간 탁아소의 증대, 동종 업무에 대한 동일 임금 지급 들이다. 확실히 페미니즘 문제는 오늘날에도 제대로 해결되지 않고 있으며, 페미니즘의 요구 가운데 여럿은 여전히 실현되지 않고 있다. 이러한 현실은 정말 고통스럽다. 특히 동종 업무에 대한 동일 임금 지급은 노동운동에 몸담은 여성들이 100년도 훨씬 넘는 세월에 걸쳐 지속적으로 요구하고 있는 사안이다. 하지만 제한된 범위에서 작은 성공만 거두었을 뿐이다. 더욱이 사회민주주의 여성회의가 개최될 때마다 이러한 요구는 아예 처음부터 다시 제기되는 실정이다.

요즘 페미니즘은 이 모든 것을 부차적인 것으로 여기지는 않지만 그래도 이보다는 훨씬 발전된 양상으로 나아가고 있다. 일부 페미니즘은 예전의 페미니즘이 막다른 골목에 이르렀다고 비판하기도 한다. 기업 임원이나 공공 기관 이사회에서 실시하는 여성 할당 제도에 대해 현대 좌파 페미니즘은 반대 의견을 내놓을 것이다. 특권층을 위한 페미니즘, 중상류층 시민을 위한 페미니즘, 성공한 유형의 여성(이들은 성공한 남성을 본받으려고 노력한다)을 위한 페미니즘, 지금 당장 남성이 점령한 사령부 함교로 쳐들어가 내 자리를 내놓으라고 요구하는 여성을 위한 페미니즘에 대해서도 역시 이의를 제기할 것이다.

물론 예전의 페미니즘과 새로운 페미니즘의 이행 및 변화 과정을 연대별로 정확하게 확인하기는 어렵다. 어쨌든 20세기 중반 이후의 현대 페미니즘에서 가장 중요한 전도사로 꼽히는 보부아르는 1949년에 출간한 《제2의 성》에서 이렇게 밝혔다. "인간은 여성으로 태어나지 않았다. 인간 자체로 태어났다." 보부아르는 인간을 억지로 성 역할에 우겨 넣는 상황에 문제를 제기했다. 이를 훗날 '젠더이론gender theory'이 계승해 핵심 주제로 삼았다. 젠더이론에 대한 대표적인 책이 바로 주디스 버틀러Judith Butler의 《젠더 트러블》이다. 버틀러는 특히 포스트구조주의를 적극적으로 받아들였다. 그녀는 사회적 성이란 생물학적 특성과는 전혀 관련이 없으며 사회적 담론을 통해 확립되고 재생된다고 주장한다. 생물학적·해부학적 관점에서의 성과 성 정체성은 전혀 다른 별도의 개념이라는 것이다. 버틀러에 따르면 이 개념에 대한 숙고는 다음과 같다. "성적으로 확실하게 정해진 신체와 문화적으로 제한된 성 정체성 간의 근본적인 단절에 대해 숙고하는 것이다. …… 비록 해부학적인 성은 성 형태론과 생물학적 체질 구조 면에서 남녀 두 종류로 나타나도 문제가 없기는 하지만 말이다." "그러나 두 개의 성 정체성을 계속 유지해야 한다고 가정할 근거는 없다." 그 밖의 관습적인(또한 그렇기 때문에 규범화된) 성 정체성이란 이성애를 규범으로 생각하는 표상이라고도 할 수 있다. 남성에 대한 이성애적 열망을 규범으로 삼는 사회적 환경에 의해 여성은 여성으로 만들어진다.

예전 페미니즘이 여성의 정체성을 여전히 높이 평가하고 어떤 의미에서 여성의 해방을 요구했다면, 버틀러는 이러한 생각을 철저하게 파괴한다. 버틀러는 이렇게 말한다. "여성은 절대 존재하지 않는다." 그러자 '평범한 작업용 멜빵바지파'로 통칭되는 1970년대 페미니즘이 크게 반발했다. 1970년대 페미니즘은 여성은 물론 여성의 신체적 특성 및 이와 관련한 모든 것을 높이 평가하고 더욱이 여성 특유의 정서적 기질을 칭송하기 때문이다. 이 정서적 기질은 자궁 근처에 잠복해 있으며, 남성의 전쟁 세계와는 아주 큰 차이를 보이고 있다고 여긴다. 이런 종류의 페미니즘 이론을 통해 정체성 정책이라는 변종이 생기며, 동시에 정체성 비판도 등장한다. 정체성 정책은 자아를 중심부로 밀어 넣는 것이고 정체성 비판은 정체성이 명백하고 고정되며 본질적이고 대단히 타율적이라는 생각에 반박하는 것이다.

오늘날 우리는 이러한 논쟁의 발자취를 대로에서 나눠주는 엄청나게 한심한 무료 신문에서도 발견할 수 있다. 기사에 따르면 오스트리아 빈 시 당국은 교통신호등에 남녀 동성애자 커플 그림을 설치했다. 이는 도시 전체에 성 정체성의 이질성을 표현하기 위해서다. 또한 유럽인 수백만 명이 2014년 유로비전 송 콘테스트에 참가한 콘치타 부르스트Conchita Wurst(오스트리아 출신의 트렌스젠더 가수 - 옮긴이)에게 찬성표를 던진 사례도 의심할 바 없이 버틀러가 주창한 정신을 결정적으로 드러낸 사례다. 어쨌든 이러한 이론과 '퀴어queer!'라는 구호는 젊은 여성들이 적극 대변하는 요즘 페미니즘에서 더 이상 빼놓고 생각할 수 없게 됐다. 블로그 운영자이자 작가인 로리 페니Laurie Penny는 《이루 말할 수 없는 것. 섹스, 거짓말, 혁명》에서 주류 페미니즘은 "우유부단하고 비겁하게 됐다"라고 썼다. 이 책은 오늘날 비판적인 성향을 지닌 많은 소녀 세대와 여성 세대를 분노하게 만드는 것들을 모조리 거론한다. 오로지 경영진 위치에 오른 성공한 커리어우먼만 할당 제도의 특혜를 누린다. 그리고 그들은 모범으로 칭송받는다. "'커리어우먼'은 신자유주의를 대변하는 영웅이다. 그들은 위계질서를 절대 침해하지 않고 자신이 거둔 승리를 자축한다. …… 신자유주의는 우리의 꿈을 식민화한다. 신자유주의는 자유라는 우리의 이상을 전부 먹어 치우고, 우리의 이상을 사회를 통제하는 전략으로 새롭게 변질시킨다." 어린 소녀들은 커리어우먼이 되도록 단련된다. 그리고 단련을 위해 페미니즘이 이용된다.

성 역할은 불행을 만들어낸다. 여성 이성애자, 남성 이성애자, 여성 동성애자, 남성 동성애자, 성전환자, 트랜스젠더 모두 강제로 틀 속에 갇힌다. 당신은 규범 속에서 성 역할에 응하도록 압박받는다. 규범은 당신을 압박하고 극단적인 경우 병들게 한다. 물론 어떤 남성이나 여성은 훨씬 부담을 느끼는 반면 어떤 남성이나 여성은 부담을 비교적 덜 느낄지도 모르지만 말이다. 젠더에 대해 나보다 훨씬 민감하게 표현하는 남녀 작가들은 '그(남성)나 그녀(여성)der oder die'라는 표현을 쓸 때 별표(*)를 붙인다. 그러니까 '그*, 그녀*'라고 쓴다. 이렇게 함으로써 정체성의 변종이 다양하게 존재한다는 것을, 정체성의 변종은 그나 그녀와 실제로 일치할 수 없다는 것을 명료하게 보여주기 위해서다. 소녀는 틀에 갇힐 것을 강요받고 소년은 강제로 역할을 부여받는다. 섹스는 어디에서든 항상 존재하지만 언제나 위협적이다. "소년이든 소녀든 지금은 엿이 되었다고 해도 아직 확정된 것은 아니다." 페니는 이렇게 썼다. "우리에게는 반란이 필요하다. 계급에 대한 반란이, 성(젠더)에 대한 반란이, 섹스에 대한 반란이, 사랑에 대한 반란이 절실하다. 우리 시대의 반란은 이런 것이어야 한다."

페미니즘 이론과 사고 체계는 우리가 좌파의 사고를 탐색하는 여정에 만난 참으로 경이로운 사례다. 무엇보다도 페미니즘 이론이 가장 첨예한 소외의 문제를 다루기 때문이다. 성 역할에 대한 지배적 규범은 개인의 정체성은 물론 마음속 열망까지도 압박한다. 그럼에도 자아라는 절대 없앨 수 없는 영역이 명백히 존재한다고 페미니즘은 역설한다. 자아는 지배적 규범이 요구하는 주류 자아의 일부로 조립되거나 끼워 맞춰지는 상황에 반기를 든다. 인간은 역할을 억지로 맡도록 떠밀리지만 이 역할이 "진짜가 아니며 순수하지도 않다"라고 느낀다.

그리고 페미니즘이 대중화 되는 과정은 내가 이 책에서 보여주고 싶은 것 즉 좌파 사상은 어떻게 서서히, 점진적으로, 차츰 주류가 되는가에 대한 좋은 본보기이다. 오늘날 젠더이론에는 주류에 속하지 않는 다양한 변종이 있다. 이들은 광범위하고 다채로운 색깔의 모자이크 좌파에 속하지 않는다. 하지만 최상의 길을 향해 가고 있다. 예전에는 소규모 토론 커뮤니티에서 폐쇄적으로 활동하던 급진주의자들만 생각하던 내용을 오늘날에는 점점 더 많은 사람들이 공유한다. 30년 전 만해도 이러한 이론을 전혀 들어보지 못했을 대다수 평균 좌파 상당수가 지금은 잘 알고 있다. 비록 젠더이론이 요구하는 모든 내용을 공유하지는 않지만 일반적으로 몇 가지 요구 사항은 공유가 가능하다. 하지만 젠더이론을 구성하는 요소를 공통감각으로 받아들이기에 아직은 이르다. 아직도 대다수 사람들이 젠더이론을 잘 모르기 때문이다.

나는 어떤 인간이 되려 하는가? 나를 어떤 인간으로 꾸미려 하는가? 나는 어떻게 진짜 자아에 이르며 어떻게 순수해질 수 있는가? 나는 어떻게 — 모든 사회적 명령과 다람쥐 쳇바퀴를 뛰어넘어 — 나 자신이 될 수 있는가? 나는 어떻게 살려고 하는가? 의미로 가득한 존재는 무엇으로 이루어져 있는가? 이와 같은 질문의 의미는 개개인마다 다르다 할지라도 질문 자체는 늘 모두에게 향해 있으며 질문에 대한 해답 또한 모두를 겨냥한다. 왜냐하면 이미 사르트르가 표현했듯이 질문과 해답은 "인간이라는 상을 만들어내고 이 상은 우리가 지닌 견해에 따라 나와야 하기" 때문이다. 오늘날 누구나 '어떻게 하면 올바른 삶을 살 수 있는가'에 대한 몇 가지 생각이 머릿속에 자리 잡고 있다. 어느 누구든 자신이 상품 취급을 받거나 타인을 상품 취급하고 싶어 하지 않는다. 그렇다고 해서 텔레비전과 엔터테인먼트가 규격화된 공산품처럼 마련해 놓은 도취와 열광을 거부하고 순수한 체험, 순수한 열정만을 품는 것도 아니다. 따라서 의미 깊은 것을 한다는 것은 오로지 돈을 버는 데만 최우선적인 목표를 두는 것이 아니라, 자기만의 능력과 창의력을 발전시키는 것이라 할 수 있다. 당신 자신뿐만 아니라 다른 사람도 마찬가지다.

6장

인간은 식민화된 물건이 됐다

억압은 억압받는 사람들을 만들어낸다.
"완전히 하찮은 존재가 된 사람들은 절대로 말을 하지 못한다"라는 사실을
스피박 씨는 발견한다.
만약 말할 수 있게 된다면,
그들은 더 이상 하찮은 존재가 아닐 것이다.

〈차이트〉의 칼럼니스트 하랄트 마르텐슈타인Harald Martenstein은 최근에 아주 유쾌한 칼럼을 썼다. 이렇게 시작한다.

"나는 카를 마르크스가 위대한 사상가라고 여겼다. 마르크스는 어떠한 지점에서도 옳은 적이 없었는데 말이다. 모든 지점에서 누구나 옳다고 여기는 주장을 견지한 위대한 남성 또는 여성 사상가가 과연 있었는가에 대해서는 확인할 길이 없다. 사실 별 볼일 없는 사상가가 틀리는 경우는 거의 없다. 내가 키우는 개가 틀린 경우는 거의 없다. …… 마르크스와 엥겔스는 자신들의 가족에 대해 이렇게 썼다. '가족은 모조리 죽어버려야 한다.' 마르크스와 엥겔스는 노동자에 대해서는 다음과 같은 견해를 밝혔다. '노동자들은 오로지 개죽음을 당하는 병사로나 쓸모가 있다.' 노동운동 지도자 페르디난트 라살레Ferdinand Lassalle에 대해서는 이렇게 일컬었다. '유대인 깜둥이 녀석.' 또한 마르크스와 엥겔스는 독일의 이웃 나라 국민에 대해서는 아주 단호한 견해를 취했다. 스위스 사람은 철두철미하게 '우둔하고', 덴마크 사람은 '거짓말을 일삼는다.' 하지만 가장 심한 혹평은 바로 폴란드에 사는 사람들이다. 그들은 '존재할 자격조차 없는 자들'이라고 일갈했다."

험담은 계속된다. 마르크스와 엥겔스는 동유럽, 중동, 동양 사회에 대해서는 "역사가 없는 민족"이라고 일컬었다. 그들로부터 아무것도 기대할 것이 없다고 일갈했다. 마르크스와 엥겔스는 슬라브인, 동양인, 아프리카에 사는 '니그로'에 대해서도 일체 관심이 없었다. 유감스럽게도 나는 방금 금기시하는 흑인 비하적인 표현(니그로)을 거리낌 없이 썼다. 물론 이런 표현을 오늘날에 더 이상 써서는 안 된다고 나는 확신한다. 하지만 마르크스 같은 위대한 사상가에게 그런 선입견과 편견이 있었다는 것 자체가 역설적임에는 틀림없다. 오늘날에는 아무리 우둔한 좌파라도 감히 그런 표현을 쓰지 않으니 말이다. 아는 거라곤 전혀 없는 좌파라도 최소한 '정치적 올바름political correctness'에 대한 문장 몇 개는 들어보았을 것이고, 식민주의와 서양의 시각이 불확실하다는 사실도 들어보았을 것이다. 이러한 주제를 다룬 책을 단 한 권도 읽은 적이 없더라도 말이다. 과장하면, 이러한 관점에서는 아무리 우둔한 좌파라도 150년 전에 살았던 똑똑한 책벌레 마르크스보다도 훨씬 영리하고 신중하다.

마르크스와 엥겔스가 보기에 역사의 주체가 유럽에 자리 잡고 있다는 점은 너무나도 명백했다. 그들에게 영국 자본주의, 프랑스혁명 정신, 독일철학은 역사가 진보하기 위한 세 가지 원천이었다. 훗날 '제3세계'라고 불리게 되는 지역은 마르크스와 엥겔스가 보기에 거의 완벽하게 하얀색으로 칠해진(백인이 점령한 – 옮긴이) 곳이었다.

그들은 기껏해야 학문 연구 의도로 관심을 가졌을 뿐이다. 심지어 사회주의 혁명이 러시아 같은 후진국에서 성공할 수 있다는 생각도(러시아 혁명은 레닌의 지도 아래 일어났다) 하지 않았을 것이다. 마르크스와 엥겔스가 보기에 사회주의 혁명은 책을 읽는 백인, 대개는 남성 노동자와 지식인이 주체가 되는 것이었다.

마르크스 이후의 사회주의자들 또한 유럽 대륙 이외의 민중에게 그다지 주목하지 않았다. 레닌의 공산주의 인터내셔널은 1920년대에 바쿠에서 대규모 중근동 인민회의를 최초로 조직했다. 그들을 바라보는 시각은 경제적으로 낙후된 나라에서 온 이국적인 혁명가들, 그 이상도 이하도 아니었다. 그리고 영국 자본주의, 프랑스혁명 정신, 독일철학의 지도를 받고 그대로 따르는 것이 최선이라는 시각이 지배적이었다. 레닌과 그의 동료들은 서양의 식민지에서 일어나는 반란을 사회주의 혁명의 후방 지원부대 정도로 여겼다. 세계 도처에서(특히 인도차이나와 북아프리카) 민중이 식민지라는 멍에를 떨쳐버리기 시작하던 때인 1945년 이후에야, 그리고 중국, 쿠바 들에서 혁명이 승리를 거두고 나서야 좌파는 예전과는 무언가 다른 움직임이 일어나고 있음을 깨달았다. 이때 일어난 혁명은 단순히 서구 혁명을 모방한 것이 아니라 지역 전통은 물론 식민지라는 특수성에서 비롯한 것이었다. 그리고 이 혁명 운동은 서구보다 몇 배나 강력한 억압에 대항하고 있었다. 즉 절대적인 국가 권력의 타율에 대항하고, 경제적 착취는 물론 인종주의적 억압에도 맞서 싸웠다.

식민지인들은 서구가 세운 공장에서 착취당하는 노동자로 날마다 물건 취급을 받았다. 이런 현실은 알제리의 혁명가이자 정신분석학자인 프란츠 파농Frantz Fanon이 남긴 보고서에 잘 나타나 있다. 파농은 자신을 항상 평가 절하하는 인종주의적 시각에 휘둘리다가 결국 자신도 인종주의적 시각에 물들고 있음을 깨달았다. "백인이 흑인을 만들어냈다." 그는 열등한 사람 취급을 받았고 열등감이 커질 수밖에 없었다. 그렇기 때문에 반식민주의 혁명은 식민화된 사람들을 "식민지의 품속에서 만들어진 콤플렉스로 똘똘 뭉친 상황으로부터 …… 해방시켜야 한다."

파농이 쓴 가장 유명한 책은 《대지의 저주받은 사람들》이다. 또 다른 에세이 모음집으로 강령적인 목표를 제시한 《인간은 식민화된 물건이 됐다》도 중요 저작으로 꼽힌다. 식민지라는 조건 아래에서 식민화된 사람들에게는 두 가지 특징이 나타난다. 첫 번째는 점령국의 문화를 필사적으로 모방하는 것, 그러니까 흉내mimicry다. 비굴한 자세로 염치없이 친해지려고 노골적으로 애쓰는 행위다. 두 번째는 자신의 정체성을 지키려는 행동, 즉 정체성 정책이다. 흑인 문화를 높이 평가하고 지켜나가거나 무슬림 문화를 엄격하게 구분·분리하는 행위가 여기에 속한다. 하지만 식민주의의 억압을 극복하려면 단순히 정치적·경제적 변혁을 훨씬 뛰어넘는 것이 필요하다. 파농에 따르면 그것은 본격적인 정신 혁명이다.

파농의 의식은 점차 날카로워져서 서방 정책으로 인한 식민주의

외에도 미국처럼 내면에서의 식민주의가 존재한다는 깨달음에 이른다. 미국 흑인(아프로 아메리칸)은 처음에는 노예제에, 그 뒤에는 인종 차별 행위(인종 분리)에 놓였고 형식적인 해방이 이루어진 뒤에도 이류 계급 취급을 받았다. 그들은 사실상 권리를 거의 누리지 못했고 인종차별적인 시선을 계속 감내해야 했다. 아무리 편견이 적은 미국인이라도 흑인에 대한 편견이 있다고 파농은 생각했다. "거리낌 없고, 사교성이 좋으며, 수다스럽고, 신체적으로 긴장이 풀어져 있다."(파농) 이처럼 미국 사회는 인종차별적인 선입견을 만듦으로써 백인이 흑인에 대해 갖는 타자상他者像뿐만 아니라 흑인이 자신에 대해 갖는 상도 구조화하고 있었다.

선입견 만들기는 인종 집단 사이에 벽을 쌓을 뿐만 아니라 고정된 정체성(백인은 이러이러하고, 흑인은 저러저러해 ……)의 구조화로 이어진다. 그리고 흑인에 대한 인종적 편견을 정당화하는 장치로 작동하며 선입견의 재생산 책임을 흑인에게 돌리는 역할도 한다. 결국 차별과 억압을 인정하는 상황으로 이어진다("흑인은 삶을 즐기고, 그래서 게으르고, 혜택을 못 받아도 별 상관없다"). 심지어 주류 좌파 대부분도 1950년대까지는 이렇게 생각했다. 그리고 오늘날에도 몇 가지 선입견을 본능적으로 공유한다. 이미 백 년 전에 미국 출신의 탁월한 사상가인 두 보이스W.E.B. Du Bois는 《흑인의 영혼》에서 이 모든 것을 분석했다. 이 책은 마틴 루터 킹부터 맬컴 엑스, 무하마드 알리에 이르는 공민권 투쟁을 전개한 세대에게 영감을 주었다.

두 보이스나 파농 같은 사상가들의 생각과 저서는 오늘날 포스트식민주의에 처음으로 단초를 제공한 텍스트로 인정받아야 마땅하다. 포스트식민주의에서 가장 중요하게 꼽히는 텍스트는 바로 팔레스타인 출신 사상가 에드워드 사이드Edward Said가 쓴 《오리엔탈리즘》이다. 에드워드 사이드가 보기에 오리엔탈리즘은 서구의 시각이다. 여기서 서구의 시각이란 서구에서 생산된 '타자에 대한 상'을 동양에 적용하는 것이다. 서양의 시각에서 동양은 바자르와 이국적인 화려함으로 가득하며, 어쨌든 문명으로 인정받는다. 이는 예전에 흑인 문화라고 불리던 것과는 분명히 차이가 있다. 하지만 사이드에 따르면 이렇게 동양을 바라보는 서양의 시각에서조차 "유럽 식민주의의 독단성"을 칭송한다는 것이다. 타자에 대한 상을 고정시키기 위해 관습과 풍속, 국가와 국민에 대한 생각의 토대가 만들어진다. 이러한 이미지는 담론을 통해 만들어지고 널리 퍼진다. 서양의 거의 모든 사람들이 "유럽은 다른 모든 민족과 문화보다 훨씬 우월한 정체성을 지니고 있다는 생각"이 몸에 배도록 만든다. 사이드는 이렇게 말한다. "오리엔탈리즘이라는 전략은 …… 서유럽인으로 하여금 동양과의 모든 가능한 관계에서 항상 우월함을 유지하도록 하는 데 있다."

이러한 선입견 만들기는 오늘날 미디어를 통해서 끊임없이 재생산된다. 예를 들어 굶주려 뼈만 남은 흑인 어린이가 자선을 부탁하는 광고에 등장하는 경우는 있어도, 뺨이 포동포동한 흑인 소년이 아이스크림 광고에 등장하는 경우는 절대로 없다(대개는 곱슬곱슬한 금발

머리의 천사 같은 백인 어린이를 선호한다). 이것을 과소평가해서는 안 된다. 흑인 어린이뿐만 아니라 이렇다한 관심을 끌지 못하는 평범한 사람들에 대해서 미디어는 절대 긍정적인 이미지를 선물하지 않는다는 뜻이기 때문이다.

서발턴은 말할 수 있는가

포스트식민주의 이론은 스튜어트 홀, 인도계 미국인 학자인 가야트리 차크라보르티 스피박Gayatri Chakravorty Spivak, 그녀의 동료인 호미 바바Homi Bhabha 들이 주도하고 있다. 그들에 따르면 글로벌 세상이 되면서 외부·내부 식민화 같은 개념은 의미를 잃고 있다. 문화는 더 이상 서로 분리된 게 아니라 나란히 존재하고 서로서로 영향을 주고받기 때문이다. 따라서 오늘날 아무리 뚜렷한 특징이 있다 하더라도 문화적 정체성에 대한 강조는 설득력을 얻기 어렵다.

이 시대의 상징이자 징후는 고정된 차이와 명확한 정체성이 아니라 혼종성, 즉 문화와 생활양식의 혼합이다. 모든 커뮤니티는 서로 영향을 주고받는다. 그리고 지배적인 글로벌 문화로부터 영향을 받는다. 자유주의, 미국화, 문화 산업이 날마다 융단폭격을 하는 것이다. 전형적인 사례로 "디스코클럽에서 디제이로 일하고 정글 뮤직을 연주하지만 맨체스터 유나이티드 축구팀을 응원하는 흑인 청소년,

또는 스트리트 패션의 헐렁한 힙합 진을 입지만 금요 기도를 절대로 빼먹지 않는 무슬림 대학생을 꼽을 수 있다. 그들 모두 각자의 방식으로 혼합하고 있다."(스튜어트 홀)

당연히 이러한 혼합은 아름답고 다채로운 다문화주의의 번성이나 문화의 화학적 융합을 의미하지 않는다. 거기에는 지역적이든 글로벌적이든 혼합 방식에 있어 지배적인 경향성이 존재한다. 유색인종은 백인 중상류층이 지배적 영향력을 행사하는 사회에서 자신의 목소리를 낼 기회를 거의 얻지 못한다. 아예 눈에 띄지 않는 것은 아니지만 그들은 도시의 어두운 침묵 속에 있는 이미지로 형상화된다. 그들의 이미지는 주류 사회의 평화를 깰지도 모르는 불안한 풍경이거나 이국적인 장식에 불과하다. 이런 사회에서 유색인종은 동등한 권리를 누릴 수 있는 활동적인 주체가 아니다. 그들의 목소리는 무시당하거나 아예 들리지 않는다. 그들에 대해 이야기를 하지만 정작 그들과 이야기를 나누지는 않는다.

꽤 오래 전부터 좌파들은 이런 문제를 직접 경험하고 있다. 외국인에 대한 적대 행위에 반대하는 시위를 조직하는 것은 매우 쉬운 일이었다. 그러나 정작 시위에 참여한 외국인이 연단에 오르는 일은 좀처럼 볼 수 없었다. 외국인 대신 연단에 오르는 사람들은 외국인을 대변하는 좌파 운동가나 인도주의적인 난민 구호 활동가, 사회 참여에 적극 나선 작가들이었다. 그들은 핍박받는 이를 위해 발언한다. 왜냐하면 핍박받는 이들은 직접 나서서 자신을 위해 말하지 못하기 때문이다.

물론 시간이 지나면서 상황이 많이 좋아졌다. 2013년 베를린, 뮌헨, 빈에서 일어난 난민 운동은 엄청나게 도발적인 사건이었다. 난민들이 직접 행동에 나섰고 직접 발언했다. 하지만 여전히 그들은 주변화된 사람들이고, 주변화된 사람들의 문제에 대중이 관심을 갖는 데는 한계가 있다는 사실을 증명하는 계기가 되었다. 이것은 스피박이 《서발턴은 말할 수 있는가?》에서 굉장히 포괄적으로 다룬 주제이기도 하다. 서발턴subaltern은 그람시가 각인시킨 개념으로 사회적 맥락에서 가장 주변화되고 가장 상처 받기 쉬운 사회 계층을 가리킨다. 그러니까 이 사회 계층에는 법적으로 곤란한 상황, 경제적 빈곤, 소수 인종적 지위가 어지럽게 교차한다. 스피박의 정언적定言的 판단에 따르면 서발턴은 말을 하지 못한다. 그들이 말을 하더라도 중요한 위치에 있는 어느 누구도 귀를 기울이지 않기 때문이다. 그리고 담론 질서는 서발턴이 말하는 것을 방해한다. 왜냐하면 그들이 매우 중요한 말을 할 수 있는 지위를 얻자마자 서발턴에서 벗어나기 때문이다. 하찮은 취급을 받는 주변부 사람들의 희망은 기껏해야 누군가가 자신들의 바람과 관심사를 알아주는 것이다. 그들의 바람과 관심사가 몸짓과 말을 통해 번역되고 주류 문화가 이를 용인하기를 바란다. 누군가가 서발턴을 대표해주기를 희망하는 것이다.

비교적 동질적인 사회와 달리 다양성이 공존하고 개인주의적인 문화가 발달한 사회에서 대표 모델은 난관에 부딪힌다. 우리는 다음과 같은 의문을 품지 않을 수 없다. 누군가 나를 대표하는 일이 가능한가? 우리 스스로를 대표할 수는 없는가? 대표자가 된 소수의 사람들은 권력의 중심에 우뚝 서고 대다수 국민은 그저 대중으로 불린다면, 그것은 대표가 아니라 또 다른 위계질서의 탄생이 아닐까?

포스트식민주의 및 서발턴 이론 진영에서 대표에 대한 비판이 유행하는 것은 결코 우연이 아니다. 이민자들을 대표한다는 것은 누군가가 그들을 위해 발언한다는 것이다. 이때 대표자는 절대 자신을 위해 말해서는 안 된다. 대표자는 스스로를 대표하지 않기 때문이다. 즉 대표자는 대표하는 대상을 조명하고 투영하는 순수한 객체이다. 최악의 경우에 — 그런데 이런 경우는 예외적 상황이 아니라 늘 규칙적·반복적으로 일어난다 — 이민자들은 자신을 '낯설고' '소속 없이 겉돈다'라고 특징짓는다. 이러한 특징이 당연하다는 듯 투영되는 주변 환경 때문에 이민자는 자신의 의견을 말할 능력을 갖추지 못한 채 성인으로 자라고 만다. 날마다 이민자는 자신을 존중받지 않아도 되는 사람이나 다른 사람의 눈에 거의 띄지 못하는 비루한 처지에 놓여 있다고 여긴다. 이민자는 내면에 진실을 알아차리는 경보 시스템을 발달시키고 이를 통해 감수성과 의식을 날카롭게 키워왔기 때문에 이러한 자신의 비루한 처지를 잘 느낄 수 있다. 항상 이민자는 눈앞의 권력에 무방비로 방치되어 있다. 그리고 이러한 사회 한복판에서 권력은 판결을 내린다. 이때 권력은 '부드러운' 방식으로 행사된다. 부드러운 방식이란 차별받는 사람들이 참을 수 없을 정도로 분노하는 상황에 이르면, 사회 권력은 유연성을 발휘해 그들 자신이 지나치게 민감하거나 전혀 유머가 없는 인간은 아니라고 말하도록 교묘하게 허용하는 것이다.

오늘날 좌파는 본능적으로 이 모든 것을 잘 알고 있다. 비록 이러한 지식을 어떻게 실행으로 옮겨야 할지 잘 알지는 못하지만. 알리Ali라고 불리는 남성, 아이세Ayse라고 불리는 여성(여기서는 무슬림 등 전형적인 유럽 이민자를 뜻한다—옮긴이), 남보다 검은 피부를 지닌 사람이라면 누구든 가난한 대마초 중독자로 취급받고, 지속적으로 차별당하기 때문에 우리는 아주 조심스러워야 할까? 남들에게 자랑할 만한 짓을 저지르기 위해 무슬림이라는 반정체성으로 달아난 난폭한 지하디스트(이슬람 성전 전사—옮긴이)를 희생자로 취급한다면, 그의 정체는 어떻게 되는 걸까? 한 여성의 친조부모와 외조부모는 모두 이민자 출신이다. 그래서 이 여성은 다수를 차지하는 주류 문화의 일부가 아닌 상태에서 자랐다. 만약 그녀가 독일어를 틀린 곳 하나 없이 완벽하게 구사하면 할아버지와 할머니는 참으로 잘했다고 칭찬해야 할까? 아니면 고통스럽게 침묵해야 할까? 그 또는 그녀에게 출신에 대한 질문을 던진 상대방은 아마도 아나톨리아(터키 공화국의 아시아 영역을 구성하는 반도. 소아시아라고도 한다—옮긴이)나 레바논 출신이 아니라, 베를린의 노이쾰른, 빈의 플로리드스도르프 또는 파리의 마레 지구 출신이라는 대답을 기대할 것이다. 이것이 과연 온당할까? 좌파는 이 의문들에 대답하기 위해 오늘날에는 공통감각이 되었지만 마르크스가 활동하던 시절의 좌파는 전혀 몰랐던 지식을 보다 분명하게 드러내야 할 것이다. 그리고 이를 통해 공통감각을 구체적인 실천으로 옮겨야 할 것이다.

7장

말은 곧 투쟁이다

푸코 씨는 권력을 탐구하다가 담론을 발견했다.
또는 그 반대이거나!

오늘날 정치적인 저항운동은 때로는 종이 뿌리기 술래잡기(두 명의 어린이가 토끼가 되어 종이를 뿌리며 도망치면 다른 어린이가 사냥개가 되어 뒤를 쫓는 놀이 – 옮긴이)와 닮았다. 러시아 혁명 당시 레닌의 볼셰비키는 겨울궁전(당시 러시아 지배 세력이 회의를 열던 곳)으로 돌격했다. 그보다 더 확실한 권력의 핵심부는 없었기 때문이다. 그런데 오늘날의 저항운동가들은 누구에게, 어디에서 저항을 해야 하는지에 대해 무지하다. 물론 막강한 권력을 누리는 G8개국의 대통령과 총리가 모이는 곳은 좋은 먹잇감이다. 그런데 그들이 진짜 권력을 누리는 자들인가? 물론 겉으로는 지구에서 가장 강력한 권력의 소유자들이다. 그러나 사실은 그렇지 않다. 예를 들어 오스트리아에서 자본주의의 부당함을 규탄하기 위해 연방총리 집무실 앞에서 벌이는 시위는 이 작은 나라의 정부 수반이 숨어 있는 권력, 예를 들면 금융시장의 노리갯감이라는 전제 아래서만 유의미하다. 그렇다면 유럽중앙은행이 적합한 시위 장소일까? 독일은 어디가 적합한 시위 장소일까? 도이치방크일까? 아니면, 그래도 역시 총리관저일까?

오늘날 권력과 관련한 사안은 생각보다 상당히 복잡하다. 좌파라면 누구나 이러한 사실을 잘 알고 있다. 특히 권력자와 만난 적이 있다면 더욱 그렇다. 권력자는 멀리서 보면 막강해 보이지만 가까이에서 보면 상당히 과대평가되었다는 것을 알 수 있기 때문이다. 권력은 단순한 방식으로 존재하지 않으며 누구도 실제로 권력을 갖고 있지 않다. 기껏해야 약간의 권력을 지닐 뿐이다. 그리고 권력은 어쨌든 조금씩 쌓여 방향성 없이 나풀거리며 영향력을 행사한다. 이러한 권력의 복잡성은 사람들을 무기력에 빠지게 한다. 왜냐하면 자신이 한 번도 본 적 없는 익명의 권력에 좌우되는 느낌을 받기 때문이다.

권력이 항상 억압과 권위주의적 통치 방식만을 동원하는 것이 아니라는 통찰을 우리는 이미 그람시의 사상을 통해 얻었다. 권력이 전적으로 억압을 통해 군림한다면 권력은 오랫동안 유지되지 못할 것이다. 무엇보다 항상 불안정한 상태로 피지배층의 미묘한 태업에 대면할 것이다. 피지배층이 질서를 수긍하고 자발적으로 협력해야 지배 질서는 안정되고 지속된다. "지배 권력은 사람들 내면으로 이주해 들어온다." 아도르노의 말이다. 무슨 뜻일까?

'권력이 정확히 어떻게 작동하는가'라는 의문은 프랑스의 대가급 사상가인 미셸 푸코가 학자 경력 전반에 걸쳐, 그러니까 1950년대 초부터 1980년대에 에이즈로 죽을 때까지 연구 주제로 삼았던 내용이다. 푸코는 오늘날 일부 세계에 퍼진 중요한 신개념을 발전시켰다. 뿐만 아니라 오늘날에도 전반적으로 간과되고 있는 주제들에 깊이 몰두했다. 무엇보다 푸코는 새로운 사고 스타일을 발전시켰다. 푸코의 사고 스타일은 외과수술을 방불케 할 정도로 냉정하고 정확하고 아카데믹하면서도, 깨지기 쉽고 빼어난 문학 에세이로 표현되었다. 푸코의 텍스트와 강의 또한 마치 팝송을 방불케 하는 효과를 발휘하는 사운드를 지녔다. 푸코는 자신이 거둔 성공 덕분에, 서로를 두려워하는 신세대 프랑스 사상가 대열의 한 자리를 당당히 차지했다. 이 신세대 프랑스 사상가 명단에는 롤랑 바르트Roland Barthes, 마르크스주의자인 루이 알튀세르, 자크 라캉은 물론이고, 장 보드리야르Jean Baudrillard, 장 프랑수아 리오타르, 데리다, 들뢰즈, 가타리 같은 철학자들이 있다. 그들은 각자 다른 사고 스타일을 지녔고 그 스펙트럼이 광범위했지만, 여러 해에 걸쳐 체계적인 연합을 도모했다. 그 결과 그들은 모두 거칠게나마 구조주의, 포스트구조주의, 포스트모더니즘 아래 포진했다.

그들은 지금까지 좌파는 물론 활동가들도 하지 못하던 것을 대담하게 생각했다. 그리고 이는 모두에게 유용했다. 그들은 그들만의 독특한 개념을 창조해냈다. 독자들은 우선 그들이 구사하는 어휘와 용어를 습득해야만 했다. 사전을 찾지 않고 까다로운 텍스트를 읽기란 거의 불가능하다.

이론이 전체적으로 이해할 수 없는 내용의 아우라로 둘러싸여 있다는 의혹을 받는다면, 이는 상당 부분 신세대 프랑스 철학자들이 이룬 의심스러운 업적 탓이다. 그들은 철두철미하게 의도적으로 여러 의미로 해석할 수 있는 글쓰기에 몰두했다. 그렇다고 그들 모두의 글에 난해함이라는 동일한 잣대를 들이댈 수는 없다. 푸코의 텍스트는 어느 정도 읽기 쉬운 편이다. 푸코의 어휘와 용어를 일단 이해하면 사유 구조를 파악할 수 있다. 그래서 푸코가 과연 구조주의에 속하는지를 두고 갑론을박하기도 한다. "나는 기껏해야 구조주의의 소년 성가대원일 뿐이다." 푸코는 어느 인터뷰에서 이렇게 말했다.

권력이 있는 곳에는 저항도 있다

푸코는 하나의 사건이었다. 반권위주의라는 시대 분위기와 완전히 대조를 이루는 그의 강연 방식에도 불구하고 학생들은 그의 낭독회에 몰려들었다. 너무나 많은 학생들이 몰려들었기 때문에 푸코는 학생들의 강연 참석 포기를 기대하며 오전 9시 30분에 강연회를 시작하기도 했다(느긋한 시절인 1970년대에는 이 시간대를 새벽으로 여겼다). 푸코는 1970년부터 콜레주 드 프랑스에서 교수직을 맡았고 이때부터 프랑스 지식인이 머무는 올림포스 산에 도달했다. 푸코 특유의 무수한 별스러운 용어 중에서도(이 용어를 사전에서 찾아볼 필요는 없다. 푸코가 처음으로 독자적 의미를 부여하고 활용한 개념이기 때문이다) 유난히 튀는 것들이 있다. 즉 아카이브(문서보관소. 규율과 지식으로 이루어진 연극놀이로, 역사 단계에서 등장했다가 다시 퇴장한다)를 통해 푸코는 특정 학설과 지식은 왜 특정 시대에 나타났다가 다시 사라

지는가를 추적·탐색한다. 그밖에도 디스포지티브(한 시대의 담론, 제도, 법률, 철학 명제 들의 총체), 진실 효과, 에피스테메, 자기기술을 꼽을 수 있다. 이밖에도 몇몇 개념을 더 거론해야 하겠지만 우선 그를 인기 스타로 만든 가장 유명한 개념을 향해 나아가보자. 즉 당신이 술집 테이블 앞에 앉아 기나긴 토론의 밤을 보낸 적이 있다면 반드시 들어보았을 '담론'에 대해 알아보자.

푸코에게 담론은 단순히 천박한 수다라든지 세련된 토론이 아니다. 담론은 규율마다 차별을 두는 특유의 의사소통 형태다(그렇다면 이는 정치적 담론이나 교육학에서의 담론과 관련되어 있을까). 또한 담론은 담론이 행해질 당시의 구체적인 형태와 장소에 좌우된다(TV 스튜디오, 전공 출판물, 〈뉴욕 타임스〉 같은 일간지 논설 면이나 전문가가 모인 학술회의에서 드러나는 양상이 다르다). 그러나 담론은 항상 질서에 귀를 기울인다. 질서는 언제나 변할 수 있다. 질서는 무엇을 말할 수 있고 무엇을 말하면 안 되는지를 결정한다. 하지만 아무리 귀를 기울여도 누가 말하는 사람으로 인정받는지, 누가 그렇지 않은지를 발견하지 못한다(여기서 이 책 6장에서 제기한 '서발턴은 말할 수 있는가?'가 다시 떠오른다). 또한 어떤 태도를 진지하게 여기고 어떤 태도를 비정상적이라고 여기는지, 이러한 태도나 지식을 이야기할 때 필요한 기술은 무엇인지도 발견하지 못한다. 푸코는 수년 동안 담론 분석을 준비한 뒤 콜레주 드 프랑스에서 '담론의 질서'라는 제목의 첫 강의를 시작했다.

담론은 현대 사회에서 원칙적으로 끝없이 발생한다. 담론이 제한과 속박의 지배를 받기 때문이다. 예를 들어 도대체 발화자나 저자로 등장해야 하는 사람은 누구이며, 저자를 어떻게 특징지어야 할까? 여기서 논점은 모든 담론의 규칙이 통상적으로 어떤 상급 기관으로부터 임명받는 것이 아니라 담론 자체에서 발생한다는 것이다. 지식이나 진실은 그리 간단하게 존재하지 않는다. 당연히 지식이나 진실은 권력의 영향을 받는 구조에서 만들어진다. 그래서 담론은 무엇을 말하느냐가 아니라 무엇을 말하지 않느냐에 대한 것이다. 푸코에 따르면 "담론은 …… 몸짓, 태도, 존재 양식, 행동 양식 틀, 공간 형상화에서도 마찬가지로 나온다. 담론은 사회관계 전반을 관통하는 강제되고 강제하는 의미의 총체다."

이 말을 이해하기 쉽게 표현하면 다음과 같다. 한 은행가는 재정 관리는 물론 세법 입법 같은 주제에 대해 널리 인정받는 발화자이다. 청중은 그를 냉정한 분석가로 여긴다. 그래서 은행가는 담론을 할 때 특정한 제스처를 취한다. 여기에 히스테릭하게 몸을 비트는 동작은 절대 포함되지 않는다. 또한 은행가는 어떤 복장을 눈에 띠게 강조하는데 이것 자체가 담론의 일부로 작용한다. 또 다른 예를 들어보자. 전직 그리스 재무장관 야니스 바루파키스가 거시 경제와 관련한 문제에 대해 발언하면 경제학자라는 지위 때문에 그 문제에 대해 널리 인정받는 발화자로 두각을 나타낸다. 그리고 그의 옷 입는 방식(자유로운 콤비 상의, 잠그지 않은 셔츠나 티셔츠)은 그가 담론의 전장에서 반란자 역할을 한다는 것을 드러낸다. 그러므로 그가 입은 셔츠의 칼라 또한 담론의 일부가 된다. 소리 또한 마찬가지다. 뉴스를 보도하는 아나운서는 정치 관련 보도를 특정한 어조로 낭독한다. 즉 진지함을 은연중에 불어넣는데, 이는 예능 쇼나 음악 방송 진행자는 절대 의도하지 않는 효과다.

담론의 질서는 다수의 자극과 규칙을 통해 구조화된다. 그 결과 특정한 태도가 — 그람시가 주창한 것과 굉장히 비슷한 개념으로 표현하자면 — 헤게모니를 장악한다. 따라서 특정한 발화자를 선택하는 것은 일종의 권력 행위다. 다수의 억압이 마치 여과기처럼 담론 위에 자리 잡고 있다. 말하기는 곧 투쟁이다. 그래서 담론은 권력 효과를 만들어낸다. 담론 내부의 어떤 지점에서 권력이 행사되는지는 불분명하지만 말이다. 어쨌든 '담론의 질서는 스스로 형상화된다'라는 주장은 정당하다.

"그것이 바로 문제다." 푸코는 이렇게 말한 적이 있다. "내가 쓴 모든 책에 결정적인 영향을 주는 것은 서구 사회에서 (적어도 특정 시기의) 진리 가치를 부여한 담론의 생산이 어떻게 각각의 권력 메커니즘 및 제도와 연관되어 있는가 하는 의문이다." 그리고 푸코는 대화 상대자에게 이렇게 말한 적도 있다. "나는 오랫동안 나를 사로잡은 문제가 지식과 통찰을 분석하는 것이라고 믿었다. 오늘날에는 더 이상 이것이 내 문제라고 믿지 않는다. 내가 원래 지닌 문제는 …… 바로 권력이다."

권력 문제는 푸코가 1970년대에 가장 몰두한 주제다. 권력은 발생하는 중심 장소가 없다. 푸코는 다음과 같이 논증한다. "권력은 어디에도 존재하지 않는다." 예를 들어 권력은 담론을 체계화하고 담론에 질서를 부여한다. 하지만 "담론의 원천도 아니고 근원도 아니다." 권력은 담론을 거쳐 발생하고 실현된다. 권력은 "오직 실행 행위로만 존재하는" 것이다. 권력은 "네트워크처럼 작동한다." 또한 권력은 그물코와 모세혈관처럼 뻗어 나가 "사회체제에 집요한 영향을 끼친다. 권력 효과는 사회체제의 가장 미세한 부위까지 침투한다." 권력은 개인에게만 뻗쳐 있는 것이 아니다("항상 우리 내면에 있는 다른 것과 투쟁하는 어떤 존재가 내면에 있다"). 개인 자체가 "권력의 효과를 발휘한다."

전통적인 좌파가 믿었던 인간이란 억압적인 사회 제도의 타파를 통해 해방되어야 할 존재다. 하지만 푸코는 인간은 항상 스스로 권력에 굴복하는 결과를 맞는다고 생각했다(이러한 푸코의 생각은 소외 개념에 대한 비판, 그러니까 인류는 근원적으로 소외될 가능성이 항상 잠재되어 있으며 이러한 가능성을 없애야 한다는 생각에 대한 전면적인 비판을 떠올리게 한다). 이 점에 있어서 오히려 권력은 생산적이다. 권력은 우리를 만들어내고 우리 자신이 된다. 권력은 우리를 유혹하며, 쾌락으로 가득하다. 푸코가 보기에 억압이라는 기본 개념은 "고려하기에 적당하지 않아 보인다." 또한 "권력에서 곧바로 생산적인 것이 나온다는 생각은 부적절한 것 같다. …… 권력을 규율이나 법칙과 동일시하면 안 된다고 말하고 싶다. 내가 보기에 그런 견해는 권력에 대한 완전히 부정적이고 편협하며 메마른 생각이다. 나는 권력은 사물이라는 실제를 뚫고 나와 분출되며, 쾌락을 부르고 지식을 형성하며, 담론을 생산한다고 믿는다. 그래서 권력을 생산적인 네트워크로 간주해야 하는 것이다."

푸코는 1970년대 중반에 이러한 관점을 확립했다. 그는 거대 권력이라는 시각을 거부하고 '권력의 미시물리학'이라고 이름 붙인 주제를 파고들었다. 하지만 지배 세력, 국가, 정부 — 거의 모든 이가 이러한 거대 개념에 따옴표를 치고 싶어 하리라 — 가 사회 변두리와 개인에게 권력의 가지를 뻗치는 것을 어떻게 해석해야 하는지에 대해서는 어쩐지 기묘하게 얼버무리는 것 같다. 여기서 푸코는 돌연 통치성이라는 개념을 끌어들인다. 사실 통치성은 애매모호한 단어다. 이 단어를 들으면 권력, 지배, 억압 같은 느낌은 들지 않고 '통치'라는 느낌이 바로 든다. 통치성은 또한 심성(망탈리테) 곧 통치 심성을 뜻하기도 하는데, 이는 지배층 및 피지배층이 되는 행동 유형의 발달이다.

담론, 제도(푸코 식으로 말하면 디스포지티브의 총체)는 관용적·통용적인 생각과 규칙을 발달시킨다. 이러한 생각과 규칙은 인간에게 침투해 들어오고 인간은 이 생각과 규칙에 스스로를 일치시킨다. 예를 들어 의학 담론, 스포츠 담론, 보건장관이 사회보장 제도에 대해 하는 담론, 텔레비전 요리 쇼에 등장하는 주인공들이 서로 나누는 담론이 여기에 해당한다. 피트니스와 건강에 대한 모종의 형상이 발달하면 시민들은 모두 담배를 끊고 달리기를 시작한다. 그런데 이런 상황에서 자신이 관리·감독받는다는 느낌은 거의 갖지 못한 채 오히려 기쁜 마음으로 축 늘어진 팔다리를 단련하고 저녁에는 저지방 음식을 먹는다. 그런 사람들은 뚜렷한 개성은 물론 능력과 경쟁력을 갖춘 주류 유형, 즉 하나의 주체로 간주된다. 이들은 대학 시절 취직이 쉬운 분야를 전공하거나 스마트하고 에너지 넘치는 몸짓과 영리함을 발산하기 위해 부단히 노력하는 존재들이다. 아울러 쾌활하고 낙천적인 태도를 유지하며(이런 태도를 결국 번아웃 증상에 이를 때까지 절대 포기하지 않는다) 평생 동안 배움을 멈추지 않는 것을 당연히 여긴다. 이는 신자유주의가 간절히 바라는 주체다. 이러한 주체는 강요로 만들어지는 것이 아니다. 주체는 마치 스스로를 지배하는 것처럼 행동한다. 푸코는 자기 테크놀로지 또는 자아 테크놀로지에 대해 말하는데, 이는 초기 기독교 교단이 실시한 영성 훈련이나 피정과 매우 비슷하다. "공통적이고 추상적이며 폭력적인 형상체인 국가는 우리를 속박하려는 의도로 짜인 소규모의 국지적 전술을 사회 내부에 성공적으로 뿌리 내리지 못하면, 절대 수많은 국민 개개인을 지속적으로 부드럽게 지배하지 못한다." 푸코가 보기에 국가란 오로지 "신화로 떠받드는 추상적 개념"일 뿐이다.

브레히트가 희곡 〈남자는 남자다〉의 주인공 갈리 가이를 통해 잘 묘사한 것처럼 인간은 권력의 의미를 스스로 구조화한다. 하지만 이 같은 구조화는 절대 일차원적으로 간단하게 이루어지지 않는다. 마치 인간은 스스로 말을 가로막고 자기 자신과 투쟁을 벌이는 것처럼 보인다. "권력의 자기구조화가 이루어지기는 하지만 어느 누구도 쉽게 조종당하지 않는다." 그렇기 때문에 겉으로 순응하는 것처럼 보이는 개인이라도 기꺼이 언제라도 스스로 저항의 대열에 기쁘게 참여할 수 있는 것이다. "권력이 있는 곳에는 저항도 있다." 푸코의 가장 유명한 말이다. 푸코는 이 말 뒤에 중요한 결론을 추가했다. "하지만 그렇기 때문에 저항은 권력 바깥에 놓인 적이 한 번도 없다."

지배 질서 바깥에는 제대로 발을 디딜 자리가 없기 때문에 사회 비판자와 반항아가 외부에서 행동을 전개하는 것은 만만치 않다. 아니, 이렇게 말하는 것이 훨씬 간단할 것이다. 인간이 늘 하는 행동은 언제나 지배 질서에 휩쓸려 들어간다고. 권력에는 중심 장소가 존재하지 않는다고. 좌파가 통치하는 위치에 오른 것은 권력을 소유한 것이 아니라, 억압이 쳐놓은 네트워크로 떠밀려 들어간 것이라고. 시민들이 지금 상황에 대해 불만을 표출할 수는 있지만("모든 것은 상품이 됐다! 인간은 더 이상 아무런 가치도 없다!"), 행동에 동참하기란 매우 어렵다고. 시민들은 다람쥐 쳇바퀴 안에서 뜀박질할 뿐만 아니라, 사회 참여는 물론 지배 시스템에게 요구하는 것을 제2의 천성으로 삼는다고. 또한 저항과 순응, 반란과 굴복은 대규모 사안에서뿐만 아니라 작은 일상에서도 늘 일어나고 있다고. 지배 담론에서는 미세하고 눈에 보이지 않는 선이 있다는 점을 유의해야 하고 이 선을 넘어가면

삐딱한 추방자로 간주된다고. 그리고 이러한 담론에서는 일반적으로 주류라고 불리는 것이 생산된다고. 우리 시대 좌파는 이 모든 것을 아주 정확하게 알고 있다. 그들은 경험을 통해 알고 있다. 좌파는 아마도 다음과 같이 말할 것이다. "이는 오늘날 좌파 담론에서 핵심 요소가 됐다." 그들은 오늘날 담론이라는 용어가 찬란한 승리의 길을 걷고 있는 상황이 다 누구 덕분인지 무의식적으로 알고 있으리라.

8장

서로 네트워크를 이루어라

포스트모더니즘은 어떻게 구조파를 해체하고
이론을 재조립했는가?

오늘날 포스트모더니즘은 구취와 비슷한 처지에 놓였다. 둘 다 다른 사람이 항상 귀신같이 낌새를 맡고 얼굴을 찡그린다. 예나 지금이나 상당수 좌파는 포스트모더니즘을 일종의 욕설로 여긴다. 많은 이는 사상의 전환기가 포스트모던이라는 개념과는 전혀 연관성이 없다고 생각한다. 좌파적·행동주의적·사회 비판적인 성향을 지닌 사람들 대부분은 포스트모던적 경험이라고 부를 수 있는 것을 이해하더라도 미국의 위대한 에세이스트 수전 손택Susan Sontag이 쓴 문장 표현과 같은 태도를 취한다. 고전적 모더니즘, 인습과 관례에 풍파를 일으키는 사회 비판적 관점에서의 계몽, 초기 좌파의 낙관주의를 높이 평가하는 손택은 포스트모던적 경험을 다음과 같은 간결한 문장으로 논평했다. "포스트모더니즘이라는 사상을 구현하는 것은 항복을 선언하는 것이나 마찬가지다." 그러므로 포스트모더니즘이란 좌파의 패배를 상징하며, 이러한 패배를 멋지고 그럴싸한 단어로 꾸미려는 기회주의자들의 사상이다. 어쨌든 이렇게 손택과 비슷한 생각을 하는 이들은 결코 적지 않다.

과연 그러한가? 포스트모더니즘은 좌파 사상의 일부가 아니라 좌파 청산의 일부이며 좌파를 배척하는 행위의 하나라고 말할 수 있는가? 그리고 포스트모더니즘은 불분명하고 복잡하며 혼란스럽기만한 난해한 이론인가? 공통감각이 되어 대중 속으로 침투할 가능성이 희박한 것인가? 이러한 의문은 근거가 전혀 없는 것은 아니지만, 나는 그렇게 생각하지 않는다.

오늘날 어렵게 습득할 포스트모던 지식이란 없다. 파울 바츨라비크Paul Watzlawick(오스트리아 출신의 심리학자이자 철학자 – 옮긴이)가 쓴 문장을 인용하면, 인간은 의사소통을 못하는 것이 아니다. 말을 할 수 있기 때문이다. 이런 의미에서 오늘날 인간은 포스트모던하지 않다. 하지만 그람시가 쓴 "오늘날 우리 모두는 마르크스주의자"의 의미에서 보면, 어쨌든 우리 모두는 포스트모던하기도 하다. 어쨌든 말이다. 포스트모더니즘의 기본 논제는 광범위한 사회의 옆구리에서 새어나오는 과정에서 발생하며, 이는 결코 잊지 못할 배움이다. 이는 자전거 타기와 매우 비슷하다. 일단 배우게 되면 나중에 자전거를 타는 것이 지루하고 무의미하거나 불편하더라도 타는 법을 잊을 가능성은 거의 없다. 또한 이는 지식의 파편이나 조약돌과도 비슷하다. 일단 입에 덥석 물면 더 이상 잊지 못하며, 전혀 몰랐던 상태로 결코 돌아갈 수 없다.

그렇다면 다음과 같이 질문할 수 있다. '포스트모던'이 무슨 뜻인지 명확하지 않게 된 일차적인 원인은 무엇인가? 오늘날 포스트모던이라는 상표에는 수많은 사상학파와 저자들에 의해 엄청나게 다양한 변종이 덧붙여 있다. 그러므로 우선 계보학, 즉 오늘날 포스트모더니즘이라는 암호 아래로 흘러들어 한데 통합된 사상의 생성과 변화를 뒤쫓는 것은 의미 깊다.

우리는 이미 뒤쫓을 준비가 되어 있다. 포스트모더니즘의 계보에 해당하는 중요한 이론 상당수를 이미 만난 적이 있기 때문이다. 우리는 구조주의, 포스트구조주의를 이 책 앞 장에서 만났다. 물론 나는 앞 장에서 이런 개념을 아주 정확하게 규정하지는 않았다. 이 책에서 담론의 질서가 담론으로부터 스스로 생긴다는 대목을 읽은 기억이 날 것이다. 이는 우리의 현실이 개념을 통해 구성된다는 뜻이다. 현실은 그리 간단하지 않으며 현실은 언어 같은 인위적인 것을 통해 만들어진다. 이러한 생각은 언어를 둘러싼 논쟁의 결과물이다. 그렇기 때문에 '언어 혁명'이나 '언어론적 회전linguistic turn'에 대해서도 논해야 한다. 이 주제에 대해 영국의 마르크스주의 이론가 테리 이글턴Terry Eagleton은 이렇게 요약했다. "'내가 절대적으로 개인적인 체험을 한다'라는 주장은 불합리하다. 나는 언어 이외에는 결코 체험할 수 없다. 언어를 통해 나는 파악하고 이해할 수 있다." "…… 의미는 언어를 통해 표명되거나 반영되는 것이 아니라는 통찰이 20세기 언어 혁명의 특징이다. 의미는 바로 의미를 통해서 형성된다." 당신은 이 말의 뜻을 어렴풋이나마 느낄 것이다. 당신은 경험과 체험, 심지어 느낌을 타인에게 언어로 옮길 수 있다는 것을 잘 알고 있다. 전달은 물론 제한까지 할 수 있는(항상 이에 적절하게 들어맞는 단어를 떠올릴 수 있는가?) 언어로 말이다. 더군다나 당신은 언어를 통해서도 생각한다. 그러니까 이러한 경험과 느낌은 언어를 통해 스스로 윤곽을 그린다.

단순하게 표현하면 이 모든 내용은 언어학자 페르디낭 드 소쉬르 Ferdinand de Saussure가 약 백 년 전에 주장한 언어론으로부터 시작한다. 소쉬르는 언어를 기표와 기의로 구별했다. 기표는 우연히 선택된 기호의 연속이다. 예를 들면 H-U-N-D(개)라는 기호의 연속이다. 기의는 다리가 네 개이며 멍멍 짖는 털북숭이 동물을 뜻한다. 이 털북숭이 동물이 H-U-N-D라고 불리는 까닭은 순전히 관습 때문이다. 물론 털북숭이 동물을 일컬어 M-U-N-D(입)라고 부르기로 규칙을 정할 수도 있다. 하지만 당신과 내가 잘 알고 있는 것처럼 우리는 기호의 연속인 M-U-N-D를 개가 아닌 다른 뜻을 묘사하는 것으로 간주한다. 그래서 언어는 순수하게 관습적이며 현실에 고정되는 것을 뛰어넘어 선택되는 기호 체계일 뿐만 아니라 차이의 체계이기도 하다. 기호마다 또는 기호의 연속마다 다른 것들과 구별되어야 하며, 이를 통해 사물이 제대로 기능한다. 즉 사물은 차이의 체계인 것이다.

차이는 기호와 함께 이 학파에서 가장 중요한 용어다. 앞서 든 개의 예에서 당장 그 중요성을 확인할 수 있다. 즉 언어이론에서 구체적인 실체의 개는 중요하지 않고 관심도 끌지 못한다. 기호를 연속적으로 나열해 쓴 개가 사랑스럽냐, 작냐, 크냐, 잘 무느냐는 그리 중요하지 않다. 차례로 지시하는 기호로 이루어진 구조, 즉 기호 체계가 훨씬 흥미진진하다. 이른바 현실에는 문법이 존재한다. 그렇다면 이제 앞에 나왔던 문장을 다시 한 번 천천히 읽어보자. '차례로 지시하는 기호로 이루어진 구조'라는 표현을 읽고 어떤 점이 눈에 띄는가? 이제 당신은 이 표현이 구조주의에 해당한다는 것을 알 수 있을 것이다.

핵심은 두 가지다. 첫째는 앞서 말한 의미에서 언어를 해석할 수 있을 뿐만 아니라 세상 전체를 기호 체계로 읽을 수 있다는 것이다. 이 학파에서 자주 쓰는 말로는 이렇게 표현할 수도 있다. '세계, 현실, 실재는 바로 기호 체계다.' 이에 대해 터무니없고 과장됐다고 이의를 제기할 수 있다. 예를 들어, 비록 굶주린 사람이 H-U-N-G-E-R(굶주림)라는 뜻의 단어를 제대로 사용하지 못한다고 해서 굶주리지 않았다고 말할 수는 없지 않은가? 그렇기 때문에 우리는 이런 종류의 이론은 오히려 굶주리지 않은 사람들 사이에서 생겼다는 것을 눈치 챌 수 있다. 그들이 우리에게 '세상을 기호로 이루어진 구조로 여기라'라는 내용의 초청장을 보낸 것이다. 이 초청장은 통찰의 새로운 지평을 열 만한 것이다. 이는 이 책 앞 장에서 거론한 사례를 떠올려보기만 해도 된다. 바로 제스처와 넥타이로 자신의 특성을 드러내는 은행가와 잠그지 않은 셔츠를 입은 바루파키스다. 억양, 누구나 생각하고 행동하는 몸짓, 음성, 유행 풍조, 이미지, 스타일, 디자인, 생활 문화, 소비, 이 모든 것이 기호 체계다. 근본적으로 모든 것은 기호 체계로 분석이 가능하다. 미국의 마르크스주의 이론가 프레드릭 제임슨 Fredric

Jameson이 말한 것처럼 구조주의는 "모든 것을 언어학적 관점 아래에서 다시 한 번 면밀하게 생각해보려는" 시도다. 둘째 핵심은 아주 명백하다. 즉 발화자가 오로지 언어 체계 내부에서만 말할 수 있다고 가정하면, 개인은 상호 주관적인 체계에 끌려들어가 있으며 이 체계에서 낮은 위치를 차지할 뿐이다.

이제 구조주의와 관련해 유행하게 된 용어 하나를 재빨리 떠올려 보자. 그것은 '주체'이다. 구조주의는 주체라는 고전적인 생각을 해체하는 정신분석과도 맞닿아 있다. 정신분석은 근본적으로 인간을 의식과 무의식으로 나눈 프로이트와 연결된다. 그렇다면 의식적인 자아는 어떤 의미에서 환상이다. 자아는 항상 기호 체계 안에서 행동할 뿐 기호 체계를 직접 만들지는 않는다. "나는 타자他者다." 이는 정신분석학자 자크 라캉의 유명한 선언이다. 개인이 아니라 체계가 생각한다. 새로운 주체는 체계 그 자체다. 우리가 언어를 마음대로 처리하는 것이 아니라 언어가 우리를 처리한다. 세상을 어떻게 해석하느냐는 기호의 기능이지 인간의 기능이 아니다. 계몽과 모더니즘이 생각하는 주체는 완전히 파괴됐다. "계몽이란 인간이 스스로 지고 있는 미성숙에서 빠져나가는 출구다"라는 칸트의 문장을 기억하는가? 구조주의라는 포장을 그 문장 위에 올려놓으면 그 문장에서 맞는 내용은 하나도 없게 된다. 첫째, 미성숙은 우리를 마음대로 다루는 기호 안에 자리 잡고 있다. 둘째, 미성숙에서 빠져나가는 출구는 존재하지 않는다. 계몽하려는 시도 자체 또한 분명 언어를 통해 처리되기 때문이다. 셋째, 그렇기 때문에 주체는 결코 존재하지 않으며 오로지 외부에 노출된 영향력의 총합만 있을 뿐이다. 넷째, 이 모든 이유 때문에 더 이상 미성숙이 존재한다고 절대로 규정할 수는 없다. 언어를 통해 생각하는 사람이 생각이라고는 전혀 하지 않는 사람보다 덜 미성숙하다고 볼 수는 없다. 또한 주체는 요즘 유행하는 말로 '탈중심화' 됐다.

포스트모더니즘은 좌파 사상의 변종이다

고전적인 구조주의를 포스트구조주의와 정확하게 구분하기는 무척 어렵다. 임시방편으로 표현하자면 고전적인 구조주의는 엄정하고 분석적인 방식의 경향을 띠며 기표와 기의 같은 일직선적인 관계에 몰두한다고 할 수 있다. 고전적 구조주의가 형식주의를 고유한 방식으로 풀어내는 반면, 포스트구조주의는 푸코의 담론 분석의 경우처럼 모든 존재가 네트워크에서 맺는 관계에 주목한다. 포스트구조주의에서는 돌연 모든 것이 관심의 대상이 된다. 포스트구조주의는 구조주의를 발전시켰으며, 동시에 가장 명백한 고유의 실천인 분석 도구를 통해 구조주의를 해체한다. 진리는 존재하지 않으며 실재는 의심스럽다. 포스트구조주의는 어떤 의미에서는 구조주의가 급진화한 것이라고 말할 수 있다. 하지만 이런 설명만으로는 푸코의 철학을 명백하게 밝히지 못한다. 사실 푸코는 자기가 이 학파에 속하는지를 확실하게 밝힌 적이 한 번도 없다.

이론은 대개 어떤 학자가 모두를 매혹시키고 사로잡는 정말 끝내주는 정신적 영감을 받아 성취되지 않는다. 그때그때 제기된, 기존 이론으로는 충분히 수긍할 만한 답을 얻을 수 없는 의문에 대해 답을 내놓으면서 탄생한다. 따라서 일찍이 그람시가 통찰한 것처럼 아주 엄밀한 의미에서 철학사는 존재하지 않는다. 그람시는 철학이 발전시킨 널리 통용되는 신념이란 이전 철학을 반박한 것에 불과하기 때문에 정신사는 환상에 불과하다고 여겼다. 현실에서 철학은 당시에 제기된 의문과 담판이나 협상을 벌인다. 철학은 오로지 이전 학설과 이론을 집중적으로 파고들면서 해당 분야의 관습을 바탕으로 움직인다. 라캉, 푸코, 루이 알튀세르, 문학이론가 줄리아 크리스테바Julia Kristeva, 철학자 자크 데리다, 롤랑 바르트, 클로드 레비 스트로스Claude Lévi-Strauss 같은 새로운 학파의 저자들도 이런 방식을 통해 시야를 옮겼다. 이런 연구 방식과 주제 설정을 전통적인 좌파는 거의 모르고 있었다. 그람시나 붉은 빈 프로젝트라는 '노동자 문화'를 주창한 이론가들은 이러한 의문에 대해 어느 정도 의식했지만 결국 외면했다. 즉 문화와 관련된 의문에 폭넓은 의미를 두는 경우는 지극히 드물었다. 새로운 학파는 "전통적인 좌파가 지금까지 무시해온 것을 새롭게 상기시켰다"라고 테리 이글턴은 평했다. "즉 예술, 향락, 젠더, 권력, 섹슈얼리티, 언어, 광기, 욕구, 영성, 가족, 신체, 생태계, 무의식, 민족성, 라이프스타일 말이다." 덕분에 문화, 삶, 일상과 관련한 영역에서 제기되는 의문을 상위 개념인 문화이론으로 활용할 수 있게 되었다. 이글턴은 "새로운 문화이론은 마르크스와 극도로 창의적인 대화를 통해 생성됐다"라고 평했다.

과장해서 표현하면, 고전적인 좌파는 자본주의에 대해 집중적으로 경제적인 차원의 분석을 시도했고 기껏해야 혁명 주체로서의 프롤레타리아에 관심을 두었다. 여기서 더 나아갔다 할지라도 오늘날 별난 성격과 정신적 상처를 지닌 구체적 프롤레타리아가 어떻게 새로운 인간, 즉 보편적으로 발전한 사회주의적인 주체가 될 수 있는지에 대한 몇 가지 이론을 정립하는 데 그쳤다. 요약하면 고전적인 좌파는 모든 가능한 것에 관심을 두었지만 단 한 가지, 인간의 구체적인 삶에는 흥미를 보이지 않았다. 반면 문화이론은 글자 그대로 인간의 신체로 관심을 돌렸다. 예를 들면 프롤레타리아는 일상에서 무엇을 하는가? 프롤레타리아가 일을 마치고 들르는 거리 모퉁이에 있는 간이주점은 어떤 인상을 주는가? 프롤레타리아는 어떤 사회 구조에 파묻혀 있는가? 프롤레타리아는 왜 일요일에 축구장으로 향하는가? 프롤레타리아는 대체로 언제부터 '여가'라는 용어로 불리는 행위를 누리는가? 프롤레타리아 문화에서 스포츠클럽은 어떤 의미를 지니는가? 점점 더 증가하고 있는 소비·문화 자본주의에서는 어떤 것이 변하고 있는가?

이 모든 것은 갑자기 흥미를 끌게 됐다. 그리고 근본주의적 비평을 즐기는 불평꾼들은 이제 힘을 잃었다. 이제 비평은 긍정적이며 즐겁고 유쾌한 방식으로 이루어지고 있다. 이 이론은 새로운 사회 현상을 지금까지의 이론이 했던 것보다 훨씬 정확하게 설명한다. 몇 가지 사례만 봐도 알 수 있다. 예전의 소비 비판이라면 후기자본주의 때문에 잘못된 욕구가 만들어졌고 광고는 사람들에게 전혀 필요 없는 물건을 팔아넘긴다고 말했을 것이다. 그러나 새로운 문화이론은 장 보드리야르가 《사물의 체계》에서 말했던 것처럼 어떤 언어로 사물을 말하는지에 대해 묻는다. 우리는 사물을 기능적 측면이 아니라 사물이 지닌 이미지 때문에 원한다. 최신형 애플 컴퓨터는 휴렛팩커드 컴퓨터만큼 잘 팔리지는 않을지라도 브랜드 가치는 그에 비할 바가 아니다. 빈티지 가구가 인기를 끄는 이유 역시 기능 때문이 아니라 사물(가구)에 깃든 유구한 이미지 때문이다. 소비는 멍청한 소비자에게서 일어나는 것이 아니라 광고와 디자이너가 어떤 이미지로 자신을 유인하려는지 알아채는 지적인 소비자에게서 일어난다는 것이다. 소비자는 애플 컴퓨터가 가격이 훨씬 싼 휴렛팩커드 컴퓨터보다 절대로 더 낫지 않다는 것을 잘 알고 있다. 그럼에도 애플 노트북을 구입하고자 한다. 애플 컴퓨터는 창의성이라는 이미지와 연관되어 있으며, 애플 제품을 구입함으로써 자신이 되고 싶은 자아를 적극적으로 표현할 수 있다고 믿기 때문이다. 이보다 더 분명한 사례가 바로 유행이다. 젊은 세대가 듣는 팝, 록, 펑크는 기존의 음악 산업 비평 개념으로는 설명이 불완전하다. 최소한 강렬함이나 열망 같은 개념을 도입해야 가능할 것이다. 이 모든 것들은 예전 시대의 좌파는 절대로 개념화하지 못했던 것들이다. "문화이론이 거둔 역사적인 업적은 대중문화도 연구할 가치가 있다는 사실을 명백하게 밝힌 것이다."(이글턴) 예전에는 박사 학위 논문 과정에 있는 학생이 아주 힘겨운 학업에서 잠깐 숨을 돌리기 위해 록 음악을 들었을 뿐이다. 그러나 이제 그들은 록 음악에 대해 박사학위 논문을 쓴다. 외관상 완전히 무의미해 보이는 사물이라도 문화이론에서는 연구 대상이 될 수 있는 것이다.

문화이론의 의의는 단순히 예전의 좌파가 통찰하지 않았던 새로운 영역을 연구하는 선에서 그치지 않는다. 새로운 내용 자체에 담긴 영양가 높은 부산물도 연구한다. 예를 들어 새로운 이론 덕분에 매우 다양한 사회에서 비교적 동질적인 해답을 찾을 수 있게 됐다. 또한 자본주의의 상품 이미지 뒤편에 있는 사용가치를 연구할 수 있게 됐다. 아울러 재화를 상징하는 요소는 갈수록 소멸되어 가고 상상의 영역은 갈수록 실재와 멀리 떨어진 결과, 현실은 다만 '피상적인 실재'라고 간주하게 됐다. 그냥 별 생각 없이 돈이라고 부르는 것이 어떻게 해서 금융시장이 설치한 유리섬유 케이블 내부에서 비트와 바이트로 둔갑해 엄청난 금액으로 쌓이는지, 이러한 과정에서 왜 돈은 더 이상 실재로 되돌아가지 못하는지 파악할 수 있게 됐다. "우리의 사회생활에 존재하는 모든 것은 — 경제 가치나 국가권력에서 일상 처리 방식이나 인간의 정신 구조에 이르는 모든 것 — 완전히 근본적·

비이론적인 의미에서 문화적이 된다." 프레드릭 제임슨은 《포스트모더니즘 또는 후기자본주의의 문화적 논리》에서 이렇게 썼다. 또한 제임슨은 "실재는 무수한 의사 사건pseudo-event으로 변형된다"라고도 썼다.

그런데 1970년대 말에서 1980년대 초에 새로운 세대의 저자들이 대거 등장해 중심을 차지한다. 그들은 모든 것을 완전히 전복한다. 이 저자들은 라캉이나 푸코를 여전히 뒤따르던 체계학을 완전히 폐기한다. 그들의 저서는 시장에 뿌리는 팸플릿 형태로 다가왔다. 보드리야르는 소책자 《쿨 킬러 또는 기호의 봉기》에서 그래피티(주로 전철이나 건축물의 벽면, 교각 들에 스프레이 페인트로 거대한 그림을 그리는 것─옮긴이)를 분석했다. 비슷한 내용으로 보드리야르의 《실재라는 극도의 고통》도 있다. 또한 장 프랑수아 리오타르는 《강렬함》에서 낱말은 의미를 운반하는 수단이 아닌 강렬함이라고 주장한다. 더이상 비평은 중요하지 않으며 중요한 것은 "강렬한 순간"뿐이다. 해체와 소멸을 탄식하지 않고 환호하며 축제를 벌인다. 허무주의의 노래를 부른다. 이는 니체의 사상으로 되돌아가는 것이다. 예전의 정치적 행동주의는 간데없다. 대신 소수의 투쟁, 노마디즘, 마약중독자와 반사회적 불순분자들이 축제를 벌인다. 이것이 바로 "강렬한 순간"이다. "비대표성, 언제든지 잘 팔릴 수 있는 시장성, 정확함, 강렬함…… 이 모든 것은 '증강하는 인간'이며, 오늘날에는 '지배자'다. 아웃사이더, 실험적인 작품 활동을 하는 화가, 대중예술가, 히피와 이

피, 기생충, 미친 자, 감금된 자. 이들의 삶 한 시간에는 직업적인 철학자들이 내뱉는 천 개의 낱말보다 훨씬 많은 강렬함이 포함되어 있다." 리오타르가 쓴 또 하나의 전설적인 책은 바로 《소수의 패치워크》다. 이 책에서는 소수의 투쟁을 동시대에 일어나는 봉기로 묘사하고 있다. 소수의 "속임수와 술책은 …… 개별적으로, 유일무이하게, 독특하게, …… 동시에 꾸밈없이, 능동적으로 발휘된다." 이는 바로 "지속적으로 지배자를 속이는" 패치워크다. 모든 목표는 조롱당한다(이 목표는 여전히 과거—현재—미래라는 시간 축으로 이루어진 진보 사상에 감염되어 있다). 아울러 "깨달을 수 있는 현실이 존재한다는 선입견"도 비웃음거리가 된다.

이제 이론이라기보다는 예술에 훨씬 가까운 철학 사조가 퍼져나갔다. 마치 팝스타가 자기 노래를 작곡하는 것과 같은 방식으로 문장을 제대로 후려갈겼으며, 행마다 의미가 폭발했다. 그들은 기분으로, 은밀함으로, 또한 의미로 글을 썼다. 파리 출신의 이론가 알랭 바디우Alain Badiou가 쓴 것처럼 이론 생산은 "예술가의 활동과 견줄 수 있게" 됐다. 이는 철학을 항상 문학과 이웃 관계로 여기는 프랑스 전통과 관련이 깊다(여기서 초현실주의자를 생각할 수 있겠지만, 사르트르도 떠올릴 수 있다). 이러한 전통을 급진화하는 것이었고 어떤 의미에서는 깨뜨리는 것이었다. 이제까지의 철학 서술 양식은 해체됐다. 동시에 이제까지의 철학 서술 내용 또한 해체됐다. "우리는 이전의 지배적이었던 철학 양식과의 일종의 비정상적인 단절이 (이렇게) 발생하리라고는 상상조차 하지 못했다. …… 수생식물 사이를 요리조리 헤엄치는 뱀장어처럼 사상은 요리조리 빠져나간다. …… 이 모든 것은 확고한 위치를 차지한 토론이나 논문 양식에 맞서는 분노의 투쟁임을 증명한다." 이론은 문학과 경쟁 관계에 놓인다.

이는 일단 근본적으로 날카롭게 목소리를 높인 다음, 시대에 서서히 각인되는 아이러니한 소리다. 아무것도 진실하지 않고 아무것도 실재하지 않는다. 모든 것이 똑같이 흥미롭다면 항상 다른 이가 진지하게 받아들이는 것은 전부 해체해버릴 것이다. 그렇게 하면 다른 모든 것을 내려다보는 안락한 위치에 서게 된다. 그래서 해체주의자는 사물 상당수를 순수하거나 진지하게 여기는 순진한 사람이다. 이게 바로 이 이론이 지닌 불쾌한 면이다. 즉 이 이론은 아는 체 하는 사람이 활용하기 좋은 작업 도구로써 아주 탁월하다.

미국 출신 철학자 리처드 로티Richard Rorty는 이 주제에 대해 연구 조사를 하면서 이렇게 표현했다. "이 아이러니한 사람들은 자신이 쓰는 확정적인 어휘에 대해 끊임없이 급진적인 의심을 품는다. 왜냐하면 그들은 또 다른 어휘에 깊은 인상을 받았기 때문이다. …… 하지만 그들은 자신이 지금 당장 쓰는 어휘로는 이러한 의심이 옳았다고 증명하지도 못하며, 그렇다고 의심을 제거하지도 못한다는 것을 인지한다. …… (그들은) 자신이 쓰는 어휘가 그 무엇보다도 실재와 가깝다고 생각하지 않는다." 이 말을 요약하면 이 아이러니한 사람은 자신만의 생각이나 태도가 없는 것은 결코 아니지만, 자신의 태도보다는 다른 사람의 태도를 더 긍정적인 확신을 품고 받아들일 수 있다는 것이다. 이런 앎은 당연히 그들의 태도에 반응을 일으키며 그들의 속을 서서히 후벼 판다. 이러한 확신을 통해 그들에게는 어쨌든 자신이 다른 태도도 지닐 수 있다는 것을 잘 아는 자세가 만들어진다.

이제 모든 행위는 언어게임으로 이해된다. 앞서 인용한 테리 이글턴은 이렇게 썼다. "데리다와 다른 철학자의 저술은 진리, 실재, 의미, 인식에 대한 고전적인 개념을 아주 맹렬하게 의심했다. 그들은 이러한 고전적인 개념 모두가 '언어는 대표성을 띤다'라는 순진한 이론에 발판을 두고 있다는 점을 폭로했다. 의미, 기의, 단어나 기표의 순간적 체험이 항상 변하고 불안정하며 일부는 현존하고 일부는 부재하다면, 도대체 확정된 의미나 진리는 어떻게 존재할 수 있을까? 우리의 담론이 '비확정성'으로 가득 찬 세계의 반영이라면, 어떻게 우리는 자신의 담론은 물론 실재 자체를 경험할 수 있을까? 모든 담화는 그저 우리가 했던 담화에 대한 담화였단 말인가? …… 도대체 담론을 떠난 과거가 어떻게 존재할 수 있으며 우리는 과거를 인지할 수나 있을까? …… 도그마(독단)는 담론에 사로잡힌 포로다. 그것의 장점은 진리에 대한 이성적 접근을 차단한다는 것뿐이다." 또한 이글턴은 다음과 같이 덧붙였다. 즉 해체를 모든 것에 적용하는 행위는 일종의 권력 게임이기도 하다고. "카드를 전부 잃고 빈손으로 앉아 있는 사람만이 이 게임을 할 수 있다."

당연히 이 책에서는 포스트모더니즘을 엄밀한 의미에서 좌파 사상의 변종이라고 마무리 짓는다. 아무것도 할 수 없고, 아무것도 진지하게 받아들일 수 없으며, 주위의 모든 것이 어떤 식으로든 괜찮다고 여기는 것은 경이로운 가능성으로 다가온다. 모든 것은 결국 우연히 마주친 시뮬라크르(복제품, 모조품이라는 의미 – 옮긴이)의 세계, 그러니까 언어로 생산된 환상-실재이기 때문이다. 포스트모더니즘은 "무의미한 말을 널리 유포"하는 것을 주요 과제로 여기는 듯하다. 이를 두고 어느 비평가는 "밀교密敎적 특성을 지닌 허튼 소리"라고 표현했다. 하버마스는 포스트모더니즘과는 달리 계몽, 이성, 모더니즘을 "미완료된 프로젝트"(따라서 이 프로젝트를 완료하기 위해 계속 작업해야 한다)로 특징지었다. 그리고 하버마스는 포스트모더니즘이 "과장된 언동으로 이성 비판을 전면화했다"라며 격한 제스처로 투쟁을 선언했다.

하지만 이는 기껏해야 동전의 한쪽 면만 본 것이나 마찬가지다. 포스트모던 지식은 현실의 지식과 사상을 파괴할 뿐만 아니라 새로운 지식과 사상을 만들어내기 때문이다. 이 새로운 지식과 사상은 동시대가 현실을 이해하고 파악하도록 영향을 끼친다. 지식은 일직선으로 발전하는 것이 아니라 뿌리덩이나 리좀(뿌리줄기, 땅속줄기 – 옮긴이)처럼 발전한다고 질 들뢰즈와 펠릭스 가타리는 획기적인 공동 저작《천개의 고원》에 썼다. 새로운 지식은 중심이 존재하지 않는 수평적 네트워크에서 발전한다. "리좀은 어느 지점에서라도 성장을 멈추거나 끊어질 수 있다. 또한 리좀은 자기만의 노선으로 또는 다른 뿌리줄기와 얽혀 계속 확장될 수도 있다. 개미는 리좀을 마음대로 건드리지 못한다. 동물처럼 활동하는 리좀이 만들어지기 때문이다." 뇌 속의 뉴런이 시냅스로 서로 연결되어 있는 것처럼 현대 사회와 지식 문화 또한 마치 뿌리다발과 같다고, 여러 고원에 연결되어 있다고 볼 수 있다. 지식은 스스로 구축하는 것이 아니라 얽히고 휘감기며 서로 참견한다. 언어로 지식을 올바르게 재현할 가능성은 전혀 없다. 한 언어는 다른 언어를 일직선적으로 다루기 때문이다. 일직선적인 논리를 따르는 책과 똑같다. …… 리좀은 끝없는 기호론적 쇠사슬 고리와 연결되어 있다. 또한 권력 조직, 예술, 학문, 사회 투쟁에서 일어난 사건과도 연결되어 있다." 들뢰즈와 가타리는 지식 자체의 혁명을 일으켰을 뿐만 아니라, 지식을 재현하는 방식의 혁명도 철저하게 추구한다.

이 이론은 피로와 염증을 느낀 1970년대 좌파가 1980년대부터 보인 탈정치화 경향의 배경음악 노릇을 했다. 또한 20년 뒤에는 젊은 활동가가 보여준 새로운 정치화의 사상적 배경 노릇을 했다. 이와 더불어 예술가, 글로벌화를 비판하는 이들에게 사상적 배경을 제공하기도 했다. 하찮은 이, 발의권을 확보하려는 이, 망명자 등 저항하는 소수의 실천과 일시적인 운동은 부단히 일어났지만, 개인이 소멸되기 십상인 대중 집단이나 정당을 만들지는 않는 경향이 나타났다. 그 대신 유연한 형태의 동맹이 떠올랐다. 이는 갑자기 나타난 왕도처럼 보인다. 여기서 리오타르의 《소수의 패치워크》의 주요 내용은 물론이고, 결코 간과할 수 없는 들뢰즈와 가타리의 네트워킹 논리가 메아리쳐 오는 것 같다.

정당, 노동조합, 의회와 경직되고 융통성 없는 조직체로 이루어진 '체계 정치'에서는 구원받을 가망이 없다. 그 대신 기층 운동, 행동주의, 비정부기구에 희망을 품을 수 있다. 이는 오늘날 수많은 좌파의 공통감각으로 자리 잡았다. 타인은 나와 다르다는 사실, 그러므로 차이를 없애려는 모든 시도는 일체 피해야 한다는 것. 주변화된 소외 계층이 스스로 자신을 위한 발언을 해야 한다는 것. 이러한 방법으로 소극적 태도를 극복하고 적극적인 활동에 한몫할 수 있다는 것. 이 모든 것은 오늘날 좌파가 식사를 하며 품위 있는 태도로 나누는 담화 내용이다.

그리고 포스트모던 지식에는 당연히 또 다른 기준이 몇 가지 더 있다. 즉 언어가 현실을 확고히 한다는 것(빈넨-I(Binnen-I, 독일어에서 여성 복수 명사에 쓰는 어미인 '~innen'을 표기할 때 i를 소문자로 쓰지 않고 대문자 I로 바꿔 쓰는 것. 예를 들면 'Lehrerinnen(여교사들)'을 'LehrerInnen'으로 표기한다. 이는 페미니즘 운동과 관련이 있다 — 옮긴이)를 사용하지 않으면 성차별을 고정화하는 것이다). 단어 선택이 위계 질서와 지배 질서를 공고히 할 수 있다는 것. 진리 같은 것은 존재하지 않는다는 것. 이처럼 모든 행동은 기호로 하는 게임이며, 이른바 실재는 '상징적 질서'일 뿐이다. 오늘날 이는 좌파의 본능에 깊숙이 가라앉아 있고 심지어 언어로도 표현된다("우리는 기호를 놓아야 한다. 그리고 이는 단지 상징적일 뿐이다"). 오늘날 시위대는 무작정 거리로 나서지 않는다. 일단 시위대는 그림과 기호를 제작한다. 기호의 상징적 질서를 보여주는 것이 시위의 출발점이다. 누구나 본능적으로 여기에 명백히 공감할 때에만, 즉 상징적 성공이 있고 나서야 실제적 성공을 거둘 가능성도 있는 것이다. 심지어 엄청나게 무미건조한 미디어 비평조차 오늘날에는 '현실을 미디어적으로 구성'하기 위한 몇 가지 소도구 없이는 절대 방송되지 않는다. 현직 총리나 장관을 보좌하는 스핀닥터(정치인이나 고위 관료들의 홍보 전문가. 공보 비서관—옮긴이)라면 누구나 너무 잘 알고 있는 사실이다.

이 장 첫머리에 말했던 것처럼 오늘날 사람들 대부분은 어떤 식으로든 포스트모던 지식을 지니고 있으며, 이 지식은 절대로 잊을 수 없다. 동시대를 사는 개인이라면 누구나 이렇게 여기는 것이 당연하다. 즉 우리 모두는 자기가 믿는 것 이상으로 아주 포스트모던하다고.

에필로그

의문을 품으며 우리는 전진한다!

"언어는 권력과 연관이 있다"라는 말은 실제로 유효하다. 즉 규정하는 자가 결정하는 자다. 그렇기 때문에 선택을 하는 사람이 권력을 행사하게 되어 있다. 이러한 선택이 정당화되는 한 상황은 절대 변하지 않는다.

나는 지금까지 각 장에서 '좌파는 무슨 생각을 하는가'에 대해 서술하려고 노력했다. 이 작업을 하면서 나는 몇 가지 전제를 따랐다. 나는 어느 좌파 소집단이나 사회적으로 고립된 철학 학파가 예전 또는 오늘날에 생각한 내용을 모조리 서술하지는 않았다. 그 대신 오늘날 최소한 어느 정도까지는 중요하다고 인정받는 좌파 집단 — 비록 다수가 아니더라도 — 이 무엇을 생각했는지에 집중하려고 노력했다. 또한 좌파 집단의 생각을 만든 이론은 과연 어떤 내용인지 — 오늘날에는 전부 역사적인 이론이 됐다 — 를 제시했다. 동시에 나는 물질 생산과 사회·역사·의식 사이의 관계, 통치·지배·헤게모니 사상·진보·계몽의 문제, 계속 내 주위를 맴돌았던 문제(개성, 소외, 창의성), 권력과 담론에 관한 문제 그리고 마지막으로 문화와 정체성에 관한 문제들을 다뤘다.

이론에 대한 설명은 연대기 순을 따랐다. 하지만 이는 사실 들뢰즈와 가타리의 문제 제기를 따르면 상당히 의심스러운 연대기다. 이러한 연대기는 일직선적인 선형성線形性을 유지하기 때문이다. 그보다는 그물 모양으로 연결된 형태의 동시성을 바탕으로 설명했으면 (보다 나은 표현을 하자면, 이 동시성을 좀 더 정확하고 면밀하게 설명했으면) 좋았을 것이다. 이론을 설명하는 순서는 실용적인 서술 관습을 따랐다. 즉 아주 오래 전에 살았던 마르크스에서 시작해 그 후예인 그람시를 거쳐 이들의 후예인 푸코 등등의 순서로 다루었다. 하지만 오늘날 실제로 활동하는 좌파 철학자들은 각각 주창한 이론의 토대를 동시적으로 다뤘다. 이들은 사회 구조는 물론이고 점점 더 중요성이 높아지고 있는 문화 구조, 정체성의 영역을 주요하게 다룬다. 그렇기 때문에 상당수 비평가 역시 동시대 좌파가 일종의 "문화좌파"가 됐으며, 심지어 좌파 내부에 "문화적 회전cultural turn"이 존재한다고 여긴다. 이런 주장과 견해가 완전히 틀린 것은 아니다. 하지만 여기서 이 사안을 집중적으로 다루기는 어렵다.

그렇기 때문에 이 책에서는 경제학은 물론 좌파 경제 이론도 다루지 않았다는 점을 분명하게 밝힌다. 예를 들어 마르크스의 경우 주요 작품 중 세 권으로 구성된 《자본론》을 으뜸으로 놓을 수 있지만(하지만 마르크스는 이 세 권 가운데 한 권만 완성할 수 있었다), 《정치경제학 비판 요강》이나 《잉여가치론》 역시 경제 문제를 서술하고 있다. 마르크스의 저작에는 두 가지 특성이 있다. 한편으로 자본주의 경제가 어떻게 작동하는지 아주 냉철하게 분석하고 있다. 동시에 이 경제 체제가 장기간 기능 장애 상태에 빠진 근본적 이유를 분석하려고 시도한다. 마르크스의 견해는 늘 명백하다. 즉 자본주의 경제 체제에서 부는 착취를 기반으로 극단적으로 불평등하게 선점되며, 부의 축적이 빠르게 증가하면서 경쟁이 협동을 대체하고 인간의 창의성은 위축되어 서서히 사라진다는 것이다. 그래서 마르크스는 자본주의 체제를 다른 체제로 대체해야 한다고 여겼다. 역사에 등장하는 다른 수많은 마르크스주의 경제학자와 저자, 예를 들면 로자 룩셈부르크Rosa Luxemburg로부터 벨기에 출신 경제학자 에른스트 만델Ernst Mandel을 거쳐 미국 출신 학자 데이비드 하비David Harvey처럼 오늘날 이 분야에서 위대한 인물로 존경 받는 사람들 모두 본질적인 대안을 내놓기 위해 애써왔다. 하지만 동시대 좌파 중 대다수가 여전히 이러한 견해를 공유하고 본질적인 시각으로 삼고 있다는 주장은 확실히 과장된 것이다.

물론 그들이 이러한 견해를 공유하지 않는 것은 절대 아니다. 다만 좌파 대부분이 경제 문제에만 몰두하는 경우는 거의 없다. 물론 여전히 좌파는 《자본론》적인 담론을 즐겨 쓴다. 자본주의 체제에서는 "언제나 이윤만 중요하다"라는 한탄이나 이와 비슷한 탄식을 예로 들 수 있다. 이것은 마르크스가 주창한 기본 논제가 오늘날 좌파 대부분의 공통감각이 되었다는 확실한 증거이기도 하다. 기업가라면 누구나 피고용인을 오로지 비용 요소로만 여기며 임금을 삭감하고 싶어 한다. 반면 모든 기업가의 입장에서 모든 피고용인은 일차적으로 잠재적인 소비자이므로 그들의 구매력을 보존해야 한다. 그래서 기업가는 노동자의 적정 임금을 충분히 유지해주고 싶어 한다. 또한 기업가는 상품을 가능한 한 저렴하게 생산하려 하며, 사람들이 가능한 한 비싸게 구입하기를 바란다. 노동자와 직원에게는 삭감된 임금을 주고 소비자에게는 잡동사니를 비싼 가격에 팔고 싶어 한다. 여기서 중요한 사실은 이 모든 것이 같은 사람들 사이에서 일어난다는 것이다.

이러한 사실이 의미하는 것은 단순히 이윤을 위해 임금을 쥐어짜거나 극빈층을 위한 복지 비용을 무조건 줄이려는 정책은 불공평할 뿐만 아니라 경제적으로도 모순이라는 것이다. 이는 자본주의 경제의 맥락 안에서도 불합리하다. 이러한 설명은 좌파의 범위를 넘어서 광범위하게 퍼져 있다. OECD의 학자들이 이러한 견해를 확실하게 공유한다. 국제통화기금IMF의 수석 이코노미스트들도 보고서를 통해 이러한 견해를 널리 퍼뜨린다. 보고서에서 이코노미스트들은 불평등이 해악을 끼치고 있다는 사실을 증명한다. 이렇게 좌파적인 색채의 비판적 목소리가 자본주의 내부에서도 자체적으로 나오고 있는 것이다.

의문을 품으며 우리는 전진한다

이런 상황에서 오늘날 좌파는 자신만의 고유한 경제 이론이 있는지 자문해봐야 한다. 마르크스주의는 자본주의에 대한 분석과 비판의 이론이지 경제 체제의 개선과 향상을 위한 이론이 아니다. 사회주의나 공산주의 경제가 작동하는 방식은 자본주의와 완전히 다르며 제대로 작동한 적이 결코 없다(게다가 자본주의를 어떻게 공정하고 정당하게 운영할 수 있는가에 대한 답변도 내놓지 못했다). 마르크스 이후 일부 소수 좌파들이 그런 구상을 하려 했지만 잊히고 말았다. 그나마 오늘날에 이르러서야 좌파 경제 이론이라 일컬을 수 있는 것이 나오기는 했지만, 엄밀한 의미에서는 좌파 경제 이론이라고 할 수 없다. 정확히 말하면 영국 출신의 자유주의자 존 메이너드 케인스John Maynard Keynes와 수많은 학자가 주장한 경제 이론에 가깝다. 예를 들어 하이먼 민스키Hyman Minsky는 규제가 풀린 금융 시장 내부에서 일어나는 불안정성을 밝혀냈다. 또한 노벨경제학상 수상자인 폴 크루그먼Paul Krugman이나 조셉 스티글리츠Joseph Stiglitz도 오늘날 왕성하게 활동하고 있는 케인스학파에 속한다.

케인스는 마르크스를 위대한 경제학자라고 여겼지만, 사실 마르크스는 케인스와 완전히 다른 방식으로 경제를 생각했다. 케인스는 늘 전통적인 좌파의 공격 대상이었다. 케인스가 종종 말했던 것처럼 고전 경제학자는 물론이고 사회주의자도 모두 경제 법칙을 믿었다.

다만 고전 경제학자는 경제 법칙을 진실하고 불가피한 것으로 여긴 반면, 사회주의자는 진실하지만 받아들일 수 없는 것으로 생각했다. 이와 대조적으로 케인스는 경제 법칙이 진실하지 않다는 점을 증명하고 싶어 했다. 가령 고전 경제학자는 자본주의가 점점 불평등의 증가로 이어진다는 사실을 제시하기는 했지만, 결국 역사 법칙에 따라 경제적 진보를 통해 이익을 얻게 된다고 보았다. 반면 사회주의자는 자본주의가 점점 더 경제적 불평등을 양산하기 마련이며, 결국 허용할 수 있는 선을 넘게 된다고 확신했다. 하지만 케인스는 자본주의가 필연적으로 사회의 극단적 붕괴를 불러오는 경우는 절대 없으며 오히려 잘 관리하면 자본주의만의 장점으로 사회적·공동체적·민주주의적 진보를 이룩할 수 있다고 믿었다. 그래서 광범위한 대중을 위한 더 많은 사회 보장, 포괄적인 복지, 노동 시간 단축과 노동에 대한 만족의 증가가 필요하다고 보았다.

따라서 케인스의 견해는 자본주의의 붕괴가 아니다. 이와 반대로 자본주의를 안정화하는 것이며, 불안정성과 자기 파멸로 향하는 자본주의의 내적 경향을 무효화하는 것이다. 케인스는 연구를 통해 일련의 경제 정책 조치가 필요하다는 결론을 내렸다. 그것은 좌파의 요구를 전적으로 받아들이는 것이었다. 핵심만 말하자면 임금을 늘려 대중의 구매력을 안정화하는 조치, 국가 기반 구조 투자 계획을 비롯한 장기간에 걸친 투자 계획, 금융 시장과 투기 규제 들이다.

오늘날 좌파가 제기하는 경제 관련 이슈는 대부분 케인스 경제학에서 다루는 것들이다. 유럽의 사회민주주의자들이 유럽은 긴축 정책을 실시해야 할 뿐만 아니라 투자 조치도 취해야 한다고, 다시 말해 고용에도 신경을 써야 한다고 계속 요구한다면 이 또한 케인스학파가 주장한 내용을 되풀이하는 것이다. 아울러 노동조합이 임금 인상을 요구하며 그 근거로 수요 및 소비 증가라는 긍정적인 효과를 강조한다면, 급진적인 경제학자이자 전직 그리스 재무장관인 야니스 바루파키스가 자본주의의 붕괴는 막아야 한다고 밝힌다면, 그들은 케인스의 정신을 거의 글자 그대로 따른 것이다. 교육 정책 담당자가 모든 어린이에게 미래를 위한 투자를 실행해야 한다고 요구한다면, 국가 수장이 미래의 번영을 위한 국가 기반 구조를 확충해야 한다고 적극 강조한다면, 국제금융관세연대ATTAC 같은 비정부기구가 공공 지출을 위한 재원 확보는 물론 빈곤층에게 재분배하기 위한 재정 마련을 위해 재산세 인상을 요구한다면……. 아, 목록은 끝없이 이어질지도 모른다. 간단하게 요약해보자. 이 모든 것은 케인스 경제학으로부터 절대적인 영향을 받은 결과다.

케인스 경제 이론은 자본주의에 대한 근본적인 불신 및 비판을 조금씩 체내에 축적하고 반영하면서 — 이 과정에서 때로는 약간의 모순을 드러내기는 했지만 — 비로소 좌파 경제 사상이 됐다고 말하는 것이 가장 정확한 진단이다. 물론 이러한 문제에 대해 누구나 동의한다고 증명하지는 못하겠지만(그리고 당연히 모두의 의식에 공통감각으로 침투하지는 않겠지만), 이 같은 좌파 사상이 선진 자본주의 체제에서 여전히 영향력을 발휘하고 있다는 생각을 터무니없다고 말할 수는 없다. 그리고 이러한 문제(어떻게 선진 자본주의 체제에서 케인즈 경제학이 일종의 좌파 사상이 되었는가)를 두고 모자이크 좌파의 여러 변종 사이에서는 강한 의견 대립이 일어나겠지만, 내가 보기에 이는 그저 결과론적이고 대단히 피상적인 견해일 뿐이다. 왜냐하면 지난 수십 년 동안 좌파 대부분은 거시경제학 연구라는 맛없고 볼품없는 빵에 거의 관심을 두지 않았기 때문이다. 이에 비해 케인스는 물론이고 케인스의 후예들은 그들만의 거시경제학을 꾸준히 다듬어왔다. 좌파의 '문화에 관한 전문 지식'이나 '젠더에 관한 전문 지식'의 경우와 비교하면 넓은 의미에서 좌파의 '경제에 관한 전문 지식'은 개선할 여지가 많다.

이는 매우 솔깃한 얘기가 아닐 수 없다. 피고용자에 대한 임금 향상과 부의 공정한 분배를 관철시키는 데 있어서 전형적인 마르크스주의의 개념인 계급투쟁에 기반하든, 아니면 케인스주의의 "구매력의 안정화"에 기반하든 사실 아무런 상관이 없다. 어차피 결과는 똑같고 둘 사이에 견해 차이는 없는 것과 마찬가지다. 사례는 얼마든지 있다. 조세 정책에 대한 좌파의 요구라든지 금융 시장 규제나 복지국가 문제를 들 수 있다. 이 문제들에는 경제적 고찰과 정의에 대한 사유가 서로 교차하고 있다.

그러나 문제들은 때때로 막연하고 모호하며 미해결 상태에 있다. 예를 들어보자. 임금이 높아지면 대중의 구매력이 커져 자본주의가 안정된다고 치자. 그러면 갈수록 광기의 양상을 띠는 소비에 대해서는 어떤 논리로 비판을 할 수 있는가? 구매력을 주장하는 시각에서 보면 소비는 추구할 만한 가치가 있는 것이고, 소비 비판의 시각에서 보면 쇼핑하러 어슬렁거리는 행위는 비판 대상이 된다. 다른 사례도 있다. 완전 고용, 고소득 직업, 사회 안전망 같은 것들이 자본주의 내부로부터 요구된다면, 그것은 소외에 대한 근본적인 비판과 어떻게 조화를 이룰 수 있을까? 예측할 수도 없고 안전도 보장받지 못하는 사회적 상황, 기회의 박탈, 극단적인 불평등이 자본주의 체제에서 퇴치될 수 있다면, 그때도 자본주의를 인간이 극심한 소외에 놓인 상태라고 볼 수 있을까? 한 걸음 더 나아가 창의성에 대한 요구, 개성에 대한 요구, 강렬함에 대한 요구뿐만 아니라 순수한 느낌을 주는 삶을 관철하기 위해서는 과연 어떤 변화가 필요할까? 그리고 개인은 개성을 확보하기 위해 다른 사람들과 어떻게 연대해야 할까? 오늘날 자기만을 중시하는 이기주의적인 사회에서 연대가 극도로 매력 없는 행위로 취급받는데 말이다. 갈등과 분쟁이 만연한 이 세상에서 이 모든 것을 어떻게 쟁취해야 할까? 갈등과 분쟁이 — 푸코 스타일로 말하자면 — 담론을 통해 형상화된다면, 담론 안에서 권력은 어떻게 효과적이면서도 미묘한 방법으로 수행될 수 있을까? 권력이 국민을 억압할 뿐만 아니라 심지어 억압받는 이도 공범으로 만든다면 권력은 도대체 어떻게 가능할까? 동시대 좌파에게는 — 그람시가 창안한 전문용어를 인용하자면 — 어떤 정제된 "헤게모니 전략"이 필요할까?

그리고 이 모든 것에 대해 어떻게 경건한 마음가짐으로 진지하게 말할 수 있을까? 또한 포스트모더니즘에 따르면 현실은 단지 기호의 앙상블일 뿐이지만, 이는 완전히 반대 방향으로도 이용될 수 있다는 질문에 어떤 대답을 내놓을 수 있을까? 또한 개인의 열망이 다름 아닌 문화적으로 생산된 이미지에 불과하다면 진지함은 모조리 즉시 언어게임으로 증발된단 말인가?

이 책 서문에서 소개한 로산나 로산다의 자서전 가운데 "우리는 확신을 품지 않은 채 의문을 품고 살았다"라는 문장이 기억나는가. 나는 그 문장을 '구(옛날) 좌파'를 향해 인용했다. 로산다의 관점을 오늘날에 적용하면 사실 우리의 생각만큼 변한 것은 별로 없을지도 모른다. 하지만 오늘날 좌파에게는 느낌뿐만 아니라 지식도 있다. 가벼운 표현으로 '좌파적인 태도'라고 일컫는 것도 있다. 그리고 그러한 태도는 사실 오래된 이론뿐만 아니라 새로운 이론에도 뿌리를 두고 있다. 따라서 현재의 좌파 사상은 사상의 역사에서 나온 산물인 셈이다(이렇게 직선적인 표현을 하자니 어쩐지 마음이 밝아지는 기분이다). 이는 사상의 역사는 절대 중단될 수 없다는 뜻이기도 하다. 때때로 아웃사이더의 새로운 문제 제기마저 좌파의 범위를 확대하는 데 기여하기도 한다.

멕시코 사파타주의의 유명한 말이 자연스럽게 떠오른다. 과거에는 전혀 적합하지 않았지만 지금은 매우 적합한 구호가 되었다. 그래서 더욱 독특하면서도 통렬한 정념을 안겨준다. 구호는 다음과 같다.

"의문을 품으며 우리는 전진한다!"

참고문헌

프롤로그

Philipp Felsch: Der lange Sommer der Theorie. Geschichte einer Revolte 1960~1990, München 2015.
Terry Eagleton: After Theory, London 2004.
George Orwell: Der Weg nach Wigan Pier, Zürich 1982.
George Orwell: All Art is Propaganda, Boston/New York 2008.

1장

Robert Misik: Marx für Eilige, Berlin 2004.
Karl Marx: Thesen über Feuerbach, 1845.
Karl Marx: Die deutsche Ideologie, 1845.
Karl Marx: Das Kapital Band 1~3, 1867~1894.
Karl Marx: Grundrisse der Kritik der politischen Ökonomie (Rohentwurf) 1857~1858. Erschienen 1939 und 1941 in zwei Teilen im Verlag für fremdsprachige Literatur, Moskau.
Karl Marx: Theorien über den Mehrwert, 1863.

2장

Eduard Bernstein: Die Voraussetzungen des Sozialismus und die Aufgaben der Sozialdemokratie, Stuttgart 1902.
Eduard Bernstein: Zur Geschichte und Theorie des Sozialismus, Berlin/Bern 1901.
Richard Wilkinson/Kate Pickett: Gleichheit ist Glück, Leipzig 2010.

3장

Giuseppe Fiori: Das Leben des Antonio Gramsci. Eine Biographie, Berlin 2013.
Antonio Gramsci — vergessener Humanist? Eine Anthologie, Berlin 1991.
Antonio Gramsci: Gedanken zur Kultur, Leipzig 1987.
Antonio Gramsci: Gefängnishefte Band 1~10, Hamburg 1991~2002.
Ernesto Laclau: On Populist Reason, London/New York 2005.

4장

Immanuel Kant: Beantwortung der Frage: Was ist Aufklärung? In: Berlinische Monatsschrift 1784.

Theodor W. Adorno: Fortschritt. In: Philosophie und Gesellschaft, Stuttgart 1984.
Theodor W. Adorno: Kritik. Kleine Schriften zur Gesellschaft, Frankfurt am Main 1971.
Theodor W. Adorno/Max Horkheimer: Dialektik der Aufklärung, Frankfurt am Main 1969.
Werner Fuld: Walter Benjamin, München 1979.
Walter Benjamin: Das Kunstwerk im Zeitalter seiner technischen Reproduzierbarkeit.
Walter Benjamin: Charles Baudelaire.
Walter Benjamin: über den Begriff der Geschichte. (Alle in: Gesammelte Schriften Band 1, Frankfurt am Main 1974)
Walter Benjamin: Das Passagen-Werk (Gesammelte Schriften Band 5), Frankfurt am Main 1982.
Stefan Müller-Doohm: Jürgen Habermas. Eine Biographie, Frankfurt am Main 2014.
Jürgen Habermas: Technik und Wissenschaft als Ideologie, Frankfurt am Main 1989.
Jürgen Habermas: Eine Art Schadensabwicklung, Frankfurt am Main 1987.
Jürgen Habermas: Die neue Unübersichtlichkeit, Frankfurt am Main 1985.
Jürgen Habermas: Der philosophische Diskurs der Moderne, Frankfurt am Main 1988.
Jürgen Habermas: Theorie des kommunikativen Handelns, Frankfurt am Main 1981.

5장

Karl Marx: Ökonomisch-Philosophische Manuskripte aus dem Jahr 1844.
Rahel Jaeggi: Entfremdung. Zur Aktualität eines sozialphilosophischen Problems, Frankfurt am Main 2005.
Herbert Marcuse: Neue Quellen zur Grundlegung des Historischen Materialismus. In: Ideen zu einer kritischen Theorie der Gesellschaft, Frankfurt am Main 1969.
Herbert Marcuse: Der eindimensionale Mensch, München 2004.
Bernard-Henri Levy: Sartre. Der Philosoph des 20. Jahrhunderts, München 2002.
Hans-Martin Schönherr-Mann: Sartre: Philosophie als Lebensform, München 2005.
Jean Paul Sartre: Die Wörter, Reinbek 1968.
Jean Paul Sartre: Der Existentialismus ist ein Humanismus, Reinbek 2000.
Albert Camus: Der Mensch in der Revolte, Reinbek 2006.
Vance Packard: Die geheimen Verführer, Berlin 1962.
Simone de Beauvoir: Das andere Geschlecht, Reinbek 1992.

Judith Butler: Das Unbehagen der Geschlechter, Frankfurt am Main 1991.
Laurie Penny: Unsagbare Dinge. Sex, Lügen und Revolution, Hamburg 2015.

6장

Alice Cherki: Frantz Fanon, Hamburg 2002.
Frantz Fanon: Die Verdammten dieser Erde, Frankfurt am Main 1981.
Frantz Fanon: Das kolonisierte Ding wird Mensch, Leipzig 1986.
W.E.B. Du Bois. Die Seelen der Schwarzen, Freiburg 2003.
Edward Said: Orientalismus, Frankfurt am Main 1981.
Stuart Hall: Ausgewählte Schriften, Band 1~4, Hamburg 2000~2004.
Gayatri Chakravorty Spivak: Can the Subaltern Speak? Postkolonialität und subalterne Artikulation, Wien 2007.

7장

Michel Foucault: Die Ordnung des Diskurses, Frankfurt am Main 1991.
Michel Foucault: Die Maschen der Macht: In: Schriften, Band 3, Frankfurt am Main 2005.
Michel Foucault: Technologien des Selbst, In: Schriften, Band 3, Frankfurt am Main 2005.

8장

Susan Sontag: Worauf es ankommt, München 2005.
Susan Sontag: Kunst und Antikunst, München 2003.
Terry Eagleton: Einführung in die Literaturtheorie, Stuttgart 2012.
Johanna Bossinade: Poststrukturalistische Literaturtheorie, Stuttgart 2000.
Jean Baudrillard: Das System der Dinge, Frankfurt am Main 2001.
Jean Baudrillard: Kool Killer oder Der Aufstand der Zeichen, Berlin 1978.
Jean-François Lyotard: Das postmoderne Wissen, Wien 2009.
Jean-François Lyotard: Intensitäten, Berlin 1978.
Jean-François Lyotard: Das Patchwork der Minderheiten, Berlin 1977.
Richard Rorty: Kontingenz, Ironie und Solidarität, Frankfurt am Main 1991.
Jürgen Habermas: Der philosophische Diskurs der Moderne, Frankfurt am Main 1985.
Gilles Deleuze/Félix Guattari: Tausend Plateaus, Berlin 1993.

에필로그

David Harvey: Siebzehn Widersprüche und das Ende des Kapitalismus, Berlin 2015.
John Maynard Keynes: Allgemeine Theorie der Beschäftigung, des Zinses und des Geldes, Berlin 2009.
Robert Misik: Erklär mir die Finanzkrise! Wie wir da reingerieten und wie wir da wieder rauskommen, Wien 2013.